Poesie der Nachbarn – Dichter übersetzen Dichter
begründet von Gregor Laschen

Rohrbacher Straße 18
69115 Heidelberg
www.wunderhorn.de

weitere Hinweise S. 172

Satz: Cyan, Heidelberg
Druck: Fuldaer Verlagsanstalt, Fulda
ISBN 978-3-88423-278-1

Hans Thill (Hrsg.)

Das verborgene Licht der Jahreszeiten

Gedichte aus der Schweiz

übersetzt nach Interlinearversionen
von Martin Zingg

Wunderhorn

Vorsatz

Die Stimme war's des edelsten der Ströme,
Des freigeborenen Rheins,
Und anderes hoffte der, als droben von den Brüdern,
Dem Tessin und dem Rhodanus,
Er schied und wandern wollt, und ungeduldig ihn
Nach Asia trieb die königliche Seele.
Friedrich Hölderlin, „Der Rhein“

Sprachen sind wie Flüsse, jede sucht sich ihren eigenen Weg. Wer käme auf die Idee, einen Wettbewerb der Sprachen zu veranstalten? In welcher Disziplin? Es gibt grosse Flüsse und kleine, aber keine grossen oder kleinen Sprachen. Weshalb gibt es unter ihnen keine Hierarchie? Weil sie alle uralt sind und gleichzeitig jung, in ständiger Bewegung?
Die Poesie, die bekanntlich aus Sprache gemacht wird, folgt ebenfalls dem Gesetz der Autonomie - allen Programmen, Ideologen und Vorschriftenmachern zum Trotz. Auch die Poesie sucht sich ihren Weg, immer einer Logik folgend, die der Sprache innewohnt, einem Laut, einem Rhythmus, einer semantischen Beziehung.
Das verborgene Licht, das die Kabbalisten als Versprechen in der Heiligen Schrift suchten, wir könnten es innerhalb der Sprache selbst finden. Im Gespräch der verschiedenen Sprechweisen untereinander. Ein Gespräch unter Dichtern über die Erzeugnisse des einen oder anderen ist immer eines über die Dinge, Realien und Gegebenheiten des Alltags, aber auch über die Sprachen. Die eigene Sprache, die des anderen, eine dritte oder vierte, in der man sich verständigt. Man legt Wörter und Dinge nebeneinander und vergleicht sie. Man testet das Material, mit dem man umgeht. In diesem Ausprobieren und gegenseitigen Vorspre-

chen, in diesem Prozess, bei dem gesagt, gesungen und gestikuliert wird, stellen die Beteiligten plötzlich fest, dass jeder mit seiner Muttersprache nur auf einem Bein steht.
Das Gedicht von Claire Genoux, dem die titelgebende Zeile entnommen wurde, ist das letzte dieses Bandes. Sie spricht vom Glanz im wiederkehrenden Wechsel der Jahreszeiten. Und so schön es ist in dieser ebenmässigen, dramatischen Landschaft, es entsteht doch auch die Sehnsucht, ihr zu entkommen wie der Held in Hölderlins Gedicht. Beispiele finden sich genug in diesem Band.

Der Herausgeber

Hans Thill

Frühlingslatein

die schlesischen Engel kamen paarweise geflogen
wie die „sine die" schreienden Pihis (Apoll.) mit
jeweils einem Flügel aus Altpapier als das Land
sich faltete wie ein Teppich gebreitet von den
Maurern aus Marokko

die unsere Strassen zerkleinerten um sie zu
Schlangen auszurollen Mörtelzungen schweigsamer
als ein schlesischer Schleier und für Horcher
aus der Ferne pflegten sie einen makkaronischen
Stationsdialekt abgelauscht den grünen Kerlen

und ihren Schwestern für die das alles Amazonas
hiess: träge Flüsse Gletschergrün Rebplantagen
auf Geröll hiessen Kroko oder Kokos Erinnerungs-
kakao namenlose Nebel darin Margaux's Marathongeburt
gemalt mit Honig von Engeln aus Russ und Lehm

im Vordergrund ein Hund der Äpfel schält und
Pferde würgt andere Engel trugen ihre Dosis
Aufruhr zu Tal rollendes Prümavaira der kunstlosen
Sinatrastimme

Edenkoben, 28. Juni 2006

Leta Semadeni

Leta Semadeni

Oda dal chavrer a sia chavra

Minchatant gir'la
silenziusa tras mia chasa
e salüda culla cua da l'ögl ant co ir

Minchatant giasch'la aint illas nüvlas
e sbegla
e'm stüda
sco üna sajetta

Ella sa sfrantunar meis cour

Minchatant voul ella avair meis temp
magliar mias rösas

Sül piz da las cornas
charg'la la stà splendurainta
tilla porta a mai
Luot, luotin
tilla pozza sül glim
sfruscha seis cheu vi da mia porta

Ed eu vez
la preschentscha glüschainta da mia chavra

Il portun resta avert sur not
perche eu nu sa che ch'eu sun
ed ingio e scha
e perche cha la chavra
m' irradiescha e'm perseguitescha
tras il fö da meis dis

Ode des Hirten an seine Ziege

Manchmal geht sie still
durch mein Haus grüsst
aus dem Augenwinkel, dann ist sie fort

Manchmal ist sie eine Wolke
und meckert
und löscht mich aus
wie ein Blitz

Sie kann mir das Herz brechen

Manchmal will sie meine Zeit
meine Rosen fressen

Mit ihren Hörnern spiesst sie
den gleissenden Sommer auf und bringt ihn mir
still, still
legt ihn auf der Schwelle ab
reibt ihren Kopf an meiner Tür

Und ich sehe
das leuchtende Dasein meiner Ziege

Das Tor bleibt offen über Nacht
weil ich nicht weiss, was ich und
wo ich und ob ich bin
und warum die Ziege mich erkennt
und mich verfolgt
durch das Feuer meiner Tage

(Nadja Küchenmeister)

Ode des Ziegenhirten an seine Ziege

Manchmal bewegt sie sich
Still durch mein Haus
Und verabschiedet sich aus den Augenwinkeln

Manchmal liegt sie in den Wolken
Und meckert
Und löscht mich aus
Wie ein Blitz

Sie versteht es mein Herz zu zerschmettern

Manchmal will sie meine Zeit besitzen
Und meine Rosen auffressen

Auf die Spitze der Hörner lädt sie sich den glänzenden Sommer
Und bringt ihn zu mir
Sacht, sachte
Legt sie ihn auf meine Schwelle
Und reibt ihren Kopf an der Tür

Und ich sehe
Die leuchtende Gegenwart meiner Ziege

Das Tor wird nicht verschlossen bei Nacht
Weil ich nicht weiss was ich bin
Und wo und ob
Und warum mich die Ziege durchdringt
Und verfolgt
durch die Glut meiner Tage

(Jan Koneffke)

I vain fraid

In november
sun ils bös-chs gnüts
strusch nan pro la punt
la chadafö füma
our da tuot las sfalizchas

Bainbod
gnarà la naiv

Es wird kalt

Im November
rückten die Bäume
zur Brücke vor

jetzt dampft die Küche
aus allen Rissen

bald wird es
schneien

(Jan Koneffke)

Leta Semadeni

Es wird kalt

Im November
sind die Bäume gekommen
bis nahe zur Brücke

Die Küche dampft
aus allen Ritzen

Bald wird da sein
der Schnee

(Jürgen Theobaldy)

Tanter di e not

Ün impissamaint
as stüda
cur cha'l sulai va adieu

I vain la not

Üna penna da pavun

Zwischen Tag und Nacht

Ein Gedanke
erlischt
sobald die Sonne geht

Es kommt die Nacht

Eine Feder vom Pfau

(Jürgen Theobaldy)

Leta Semadeni

Lai inglatschà

Suot il glatsch
il refügi da las ormas

Survart
il sgrignar suord
da s-chavigls

Aint illa sumbriva dal grip
sgrizchan las cratschlas

Il god s'inchambuorra
i'ls aguagls
s'avicinond al tschêl

Zugefrorener See

Unter dem Eis
ein Zufluchtsort für Seelen
Darüber
dumpfes Schürfen
von Kufen

Im Schatten der Felsen
krächzen die Krähen

Der Wald
verheddert sich
in seinem Gestrüpp
himmelan

(Johann Lippet)

Gefrorener See

Unter dem Eis
die Zuflucht der Seelen
darüber
das dumpfe Knirschen
der Kufen

Im Schatten der Felsen
kreischen die Krähen

Der Wald
verfängt sich in den Dornen
wenn er sich dem Himmel
nähert

(Hans Thill)

Leta Semadeni

Vuolp da cità

Mincha not maglia
la vuolp il rest
dal di pulischa
la coppa sgiazza
vi da mia sön glischa
sco ün spejel

Füchsin der Stadt

Jede Nacht frisst
die Füchsin den Rest
des Tages putzt
die Schüssel scharrt
an meinem blanken Schlaf
dem spiegelblanken

(Jürgen Theobaldy)

Infanzia

Sün ün banc
suot il sulai
tschainta ün uffant
e disch
plajà aint in seis sömmi
ad üna chavra
chi passa speravia:
Bun di

Kindheit

Auf einer Bank
unter der Sonne
sitzt ein Kind
und sagt
umhüllt von seinem Traum
verloren in seinem Traum
einer vorbeigehenden
Ziege
guten Tag

(Hans Thill)

Kindheit

Auf einer Bank
in der Sonne
sitzt ein Kind
und sagt
in seinen Traum versponnen
verloren in seinem Traum
zu einer Ziege
die an ihm vorübergeht:
Guten Tag

(Jan Koneffke)

Kindheit

Auf einer Bank
im Sonnenlicht
sitzt ein Kind
und sagt
traumversunken
traumverloren
einer Ziege
die, vorbeikommt
Guten Tag

(Nadja Küchenmeister)

Solitude

L'anguel
fa giò la pletscha
ün mail
lessa'l avair
ün curtè
cunter
la suldüm

Einsamkeit

Der Engel
zieht die Schale ab
von einem Apfel
er hätte gern
ein Messer
gegen
das Alleinsein

(Jürgen Theobaldy)

Leta Semadeni

Vera fa üna visita al bapsegner mort

Si'orma potenta
straglüscha tras il repar

Culla chomma curaschusa
fa'la ün pass straminabel
vi pro el tegna
il padriöl davant si'uraglia
e quinta istorgias
our dal reginam sumbrivaint
per ch'el nu l'invlida

Sbalurdida da sa forza
as brancla ella
vi da la tuor sün seis cheu
e sventulescha ün mumaint
aint il ajer serain

Lura tuorn'la darcheu
inavo sül sulom

Vera besucht den toten Grossvater

Seine grosse Seele
leuchtet durch den Damm

Mit dem mutigen Bein
macht sie den gewagten Schritt
zu ihm hin setzt
den Trichter an sein Ohr
erzählt ihm Geschichten
aus ihrem dürftigen Leben
damit er sie nicht vergesse

Geblendet vom gleisenden Licht
hält sie sich am Turm fest
an seinem Kopf flattert
einen Augenblick lang in luftiger Höhe

Dann macht sie kehrt
zurück auf ihre Scholle

(Johann Lippet)

Vera macht einen Besuch beim toten Grossvater

Seine mächtige Seele
schillert durch den Damm

Sie hebt das mutige Bein
macht einen grossen Schritt
auf ihn zu, setzt den Trichter
an sein Ohr, erzählt Geschichten
aus ihrem Schattenreich
damit er sie nicht vergesse

Benommen von dem mächtigen Schein
umklammert sie den Turm
auf seinem Kopf und weht
für einen Augenblick in der heiteren Luft

Dann kehrt sie
auf ihre Baustelle zurück

(Nadja Küchenmeister)

La chasa da meis bap ha portas d'aur
(Dedichà a meis bap)

Las fanestras guardan il muond
cun ögliada spalancada

Tuot es surpraisa!

Minchatant rampigna il bap
our da las paginas
banduna la tuor da cudeschs

Fin pro l'orizont cuorran ils fars
Fin pro'l mar
Fin pro'l liun sönantà
Scuvrind la crappa
suot l'incendi dal tramunt
Stailind il god
cun sa bos-cha spada

Da tschella vart dal flüm
Vivan duos bes-chas
chi nu dà

Il mür dal sunteri
es lià vi da la memoria
cun ün mailer

Suot la romma as doda
l'istorgia da Diogenes
da la stria
da corviglias e lufs
da l'uors culla chomma da tschiculatta

Las frajas sülla fossa sun
las plü grondas
las plü dutschas

E'l cour as rumpa!

Sco d'üna nusch
croudan las crouslas
in tanta tocs

La stà es ün lö solitari
chi bütta sumbrivas süllas ormas

Davant il char da fain sfrigna il chavà
vers la grippa plain müs-chel
e la duonna transmüdada in vuolp
percuorra fomantada ils gods

Our da las fodas dal tet
svoulan rotschas da pleds mai dits
Paslers glera
battan cunter la müraglia
croudan süls nufs d'erba tagliainta

Ils ögls s'adüsan vi da las vastitats
E la bellezza crescha e crescha
fin a la mort

Mai seguir ils stizis!

Mo minchatant discuorrer
per nun ir a perder

Ed ir
cul sulai

Il tschêl
es be ün batterdögl davent

Leta Semadeni

Das Haus meines Vaters hat goldene Türen

Die Fenster schauen in den Welt
Mit weit geöffneten Augen

Alles ist Überraschung!

Manchmal klettert mein Vater
Aus den Seiten
Und verlässt den Turm voller Bücher

Bis hin zum Horizont reicht sein Blick
Bis hin zur See
Bis dorthin wo die Löwen schlafen
Entdeckt die Steine im Feuer des Sonnenuntergangs
Setzt Sterne über den Wald aus Scherenschnittbäumen

Auf der anderen Seite des Flusses
Leben zwei Tiere die es nicht gibt

Die Mauer des Friedhofs
Ist verbunden mit der Erinnerung
An einen alten Apfelbaum

Unter den Ästen hört man
Die Geschichten von Diogenes
Von der Hexe
Von Krähen und Wölfen
Und vom Bären dessen eines Bein aus Schokolade ist

Die Erdbeeren auf seinem Grab sind
Immer die Grössten
Immer die süssesten

Dass das Herz zerbricht!

Wie von einer Nuss
Zerbrechen die Schalen
In unendlich viele Stücke

Die Sonne ist ein einsamer Ort
Der Schatten legt auf die Seelen

Das Pferde vor dem Heuwagen wiehert
Gegen die moosbewachsenen Felsen
Die Frau verwandelt sich in einen Fuchs
Hungernd durchstreift sie die Wälder
Aus den Ritzen des Dachs
Fliegen Schwärme nie gesagter Worte
Spatzen, Kies
Schlagen gegen die Mauern
Fallen auf Bulken messerscharfen Grases

Die Augen gewöhnen sich an die Weite
Und die Schönheit wächst und wächst
Bis hin zum Tod

Folge niemals den Spuren!

Manchmal muss man sprechen
Um nicht völlig verloren zu gehen

Und gehen
Mit der Sonne

Der Himmel
Ist nur einen Augenblick entfernt

(Sabine Schiffner)

Leta Semadeni

Das Haus meines Vaters hat Türen aus Gold
(Meinem Vater gewidmet)

Die Fenster betrachten die Welt
mit weit geöffneten Augen

Alles ist Überraschung!

Manchmal entsteigt Vater
den Seiten
und verlässt den Bücherturm

Bis zum Horizont leuchten die Scheinwerfer
Bis zum Meer
Bis hin wo Löwen schlafen
Entdecken die Steine im Feuer der Dämmerung
Versehen die Säbelbaumwälder mit Sternen

Auf der anderen Seite des Flusses
Lebt ein Getier das es nicht gibt

Die Mauer des Friedhofs
ist verwachsen mit Erinnerung
an einen alten Apfelbaum

Unter den Ästen hört man
die Geschichte von Diogenes
von der Hexe
von Dohlen und Wölfen
und vom Bären mit dem Bein aus Schokolade

Die Erdbeeren auf dem Grab sind
die grössten
die süssesten

Und das Herz bricht!

Wie von einer Nuss
fallen die Schalen
in tausend Stücke

Der Sommer ist ein einsamer Ort
wirft auf die Seelen seinen Schatten

Vor dem Heuwagen wiehert das Pferd
den Felsen an voll Moos
Und die Frau nimmt die Gestalt eines Fuchses an
durchstreift hungrig die Wälder

Aus den Ritzen des Daches
entweichen Schwärme nie gesagter Worte
Spatzen Kies
schlagen an das Gemäuer
fallen auf geschnittenes Gras

Die Augen gewöhnen sich an die Weiten
Und die Schönheit wächst und wächst
in den Tod hin

Nie den Spuren folgen!

Aber manchmal sprechen
um sich nicht zu verlieren

Und gehen
mit der Sonne
die versinkt
in den Augen

Der Himmel
ist nur einen Augenblick entfernt

(Johann Lippet)

Leta Semadeni

Roba massitscha

Ün majöl cun bütschs sepuli
in ün sömmi. Ün amant
sainza cheu. Pitschna mort
plajad'aint in lana. Ögls da bes-chas
fond la guetta suot üna vetta da glatsch
Imaginaziun faschada cun palperi
da saida. Mütschits our da la chabgia
duos pitschens cuolps mortals
cun zotlas. Chavels dad or strats oura
La fotografia glüschainta d'üna
not abandunada. Suns schnüdats
cul tema vaider. Muntognas
da plans da fabrica.
Blera tinta. Natüra morta cun
abitaziun vöda. Our in tablà
pivatellas cun nattas lovadas in s-chandler
Ün misteri na resolt. Purtrets
da patria spletschats
Il sclingiar da las manzögnas
d'inviern. Furia spüdada
Ün s-chür da sang fraid
mascrà. Boccas agüzzas
fattas aint. Ögliadas
chi han survivü il sön
Fos pass sül siblun. Deserts
na plü mangiabels. E tü

Sperriges Zeug

Ein Glas Küsse begraben
In einem Traum. Ein Liebhaber
Ohne Kopf. Kleiner in Wolle
Verpackter Tod. Lauernde
Tieraugen unter der Eisschicht.
In Seidenpapier eingewickelte
Fantasie. Aus dem Käfig entflohen
Zwei tödliche Schläge, zwei kleine,
Mit Zotteln. Ausgerissene goldene Haare.
Die glänzende Fotografie einer
Einsamen Nacht. Nackte Klänge
Zum Thema Glas. Haufen an
Bauplänen.
Viel Tinte. Stilleben mit
Leerer Behausung. Im Heuspeicher
Stapel aus narbigen Fingerbeeren.
Ein nicht gelöstes Geheimnis. Abblätternde
Heimatportäts.
Das Klirren der Lügen
Im Winter. Wut, ausgespuckte.
Maskiertes kaltblütiges
Dunkel. Spitze Mäuler,
Die eingelegt sind. Dem Schlaf
Entkommene Blicke.
Stolperschritte im Sand. Ungeniessbare
Nachspeisen. Du

(Jan Koneffke)

Leta Semadeni

Scenas a l'Amazonas

El ha l'adüs
da dumandar alch
adüna cur ch'ella es
güsta per ir

Tü ed eu
Quai es per mai sco duos
elefants in üna stalla da chavras
disch el
Eu sun creschü sü a l'Amazonas
Tü nu poust savair co cha quai es a l'Amazonas
O cur ch'el legia ün cudesch:
Eu cugnuosch la chasa dal poet
mo pro no nu pendaiva ingün
Dubuffet vi da la paraid

Plain rabgia invers il muond
discha'l d'üna persuna ch'els
cugnuoschan tuots duos:
Ella ha la sensibiltà d'ün büffel

L'unica planta in chasa es
il kerli verd e'l mailer
chi porta früts dürs e farinuoss
es il monster dal tard utuon

Dafatta da la not as rabgiainta'l
La not es ün furmier
El nu po durmir
E cur ch'el dorma til turmaintan
sömmis e la bunura è'l
ün sgrattatschêl cun ün'unic'entrada

E tuots fan
la cua e vöglian entrar e
nu pon svelt avuonda. La vita
es da di e da not
ün turmaint e sch'ella nu füss
che füss'la lura?
dumonda'l

Ed uschea nu po'la ir
Sto restar pro el
Entrar in seis turmaint as sentir
sco ün elefant in üna stalla da chavras
Viver si'infanzia a l'Amazonas
Schmuottar il kerli verd
büttar la mösa da maila aint
illa sadella da las sguazzas. La bunura
chatsch'la ils umans ün davo tschel tras
l'entrada stretta dal sgrattatschêl
piglia il Dubuffet da la paraid e cur cha
a la fin vain la not e las furmias
til attachan tschaint'la tschunca
our in chadafö e patischa
da claustrofobia e s'imagina da viver in ün
butschin ed el gniss vers ella
e dumandess
che ch'ella less
ed ella dschess:
Va'm our dal sulai!

Leta Semadeni

Szenen am Amazonas

Er hat diese Angewohnheit
immer genau dann
etwas zu fragen,
wenn sie
gerade am Gehen ist

Du und ich
wir sind doch wie zwei
Elefanten im Ziegenstall
sagt er
Oder auch: Ich bin aufgewachsen am Amazonas
Du weisst doch gar nicht wie es dort ist am Amazonas
Oder wenn er ein Buch liest:
ich kenne das Haus des Dichters
aber bei uns hing kein
Dubuffet an der Wand

Und voller Wut auf die Welt
sagt er von einer Person, die sie
alle beide kennen, die
habe die Empfindlichkeit eines Ochsen

Die einzige Pflanze im Haus nennt er den
grünen Kerl und der Apfelbaum
mit den harten und mehligen Früchten
ist sein Schreckgespenst im späten Herbst

Über die Nacht gerät er in Wut
die Nacht ist für ihn
ein Ameisenhaufen, er kann nicht schlafen
sobald er einschläft quälen ihn

Träume und am Morgen ist er ein
Wolkenkratzer mit einem einzigen Eingang
vor dem alle Schlange stehen und Einlass begehren
und es kann gar nicht schnell genug gehen. Das Leben
ist bei Tag und bei Nacht
eine Quälerei und wenn es keine Quälerei wäre
wäre es doch nichts besseres, sagt er

Darum kann sie nicht fortgehen
muss bei ihm bleiben
muss eintreten in seine verquälte Welt
sich wie der Elefant im Ziegenstall fühlen
erlebt seine Kindheit am Amazonas
beschneidet den grünen Kerl
wirft das Apfelmus in den Abfalleimer. Am Morgen
dann, treibt sie die Menschen einen nach dem anderen
durch den Eingang des Wolkenkratzers, hängt
den Dubuffet um
und wenn endlich
am Ende der Nacht
die Ameisen angreifen, sitzt sie völlig erschöpft
da in der Küche und leidet unter klaustrophobischen Ängsten.
Und dann stellt sie sich vor
dass er zu ihr käme und fragte
was sie hat
und sie würde sagen
geh mir aus der Sonne!

(Sabine Schiffner)

Leta Semadeni

Poesia da chadafö

Be la pitschn'odur
d'üna taja cotschna
E tü est qua

Culla culur da chanella
aint ils chavels la natta
sül misun e'l pesch
aint in man

La chadafö schloppa da la vapur

Sur l'ur da la padella oura
noudan
il pesch e la taja
davent

Il prüm plat dvainta üna poesia:

Dal cumün
tanter vulcans cuverts da naiv
e gods sulvadis
ingio cha'ls tucans
struschan lur picals greivs
ün cunter l'oter

Küchengedicht

Nur das bisschen Duft
der roten Schote
Und du bist da

Zimtfarbe im Haar
Narbe am Kinn
den Fisch in der Hand

Die Küche
platzt vor Dampf

Über den Rand der Pfanne hinweg
schwimmt der Fisch mit der Schote

Der erste Gang wird ein Gedicht:

Über das Dorf
zwischen schneebedeckten Vulkanen
und wilden Wäldern
wo die Tukane
ihre schweren Schnäbel
aneinander wetzen

(Hans Thill)

Leta Semadeni

Küchengedicht

Nur der Geruch
der Pfefferschote
und ich sehe dich

Mit der Farbe Zimt im Haar
Mit der Narbe am Kinn
Und dem Fisch in der Hand

Die Küche
versinkt im Dampf

Über den Rand der Pfanne schwimmen
Fisch und Schote davon

Der erste Gang ist ein Gedicht:

Durchs Dorf, das zwischen
Vulkanen liegt, bedeckt von Schnee
und wilden Wäldern,
wo Tukane
ihre schweren Schnäbel
aneinander reiben

(Nadja Küchenmeister)

Alberto Nessi

Uccelli

È la stagione degli uccelli impazziti.
Sopra l'asfalto come carta straccia
sbattono le ali, le più liete creature,
ci feriscono in cerca della strada
sfiorano la ringhiera bestemmiando.
Prigionieri del fango e del petrolio
scuotono le sbarre della prigione
i fratelli che hanno perso la voce
invano.

Vögel

Das ist die Jahreszeit der irre gewordenden Vögel.
Als sei es Altpapier auf dem Asphalt
so schlagen sie mit den Flügeln, die fröhlichsten der Kreaturen,
es tut weh zu sehen wie sie die Strasse suchen
und das Geländer streifen fluchend
Gefangene des Schlamms, des Benzins
die an den Stäben des Käfigs rütteln
Brüder die ihre Stimme verloren haben
sinnlos.

(Jan Koneffke)

Vögel

In dieser Jahreszeit werden die Vögel verrückt.
Über dem Asphalt schlagen sie mit den Flügeln
wie Altpapier, von allen Geschöpfen die leichtesten,
beschämen sie uns, wenn sie ihren Weg suchen,
streifen sie fluchend das Geländer.
Gefangene von Schlamm und Erdöl,
rütteln sie an den Kerkergittern,
Brüder, deren Stimme ein sinnloses
Opfer.

(Hans Thill)

Alberto Nessi

Cuore uccello

Cuore uccello
ti lascio i tramonti e mi tengo le aurore.
Ti lascio l'adolescente che sognava
e mi tengo il ragazzo che ride nel vento
ti lascio le nebbie mormoranti
lungo i campi nella stagione dei morti
e mi tengo l'albero che fiorisce.
Cuore uccello che non smetti
di posarti tra i cespugli ti lascio i tuoi canti
e mi tengo il suono della sirena
che libera le camiciaie per altri amori
per una nuova vita che non viene.
Vecchio uccello cuore
ti lascio i tramonti e mi tengo il furore

Herz Vogel

Herz Vogel
dir überlasse ich die Sonnenuntergänge mir gehören die Morgenröten
behalte du den heranwachsenden Träumer
mir gehört der Bub der mit dem Wind lacht
dir überlasse ich den murmelnden Nebel
entlang der Fluren in der Toten Jahreszeit
mir gehört der blühende Baum
Herz Vogel der nicht aufgibt
sich postiert zwischen Büsche ich lasse dir deine Lieder

mir gehört der Gesang der Sirene
der Hemdnäherinnen von der Liebe träumen lässt
von einem neuen Leben das nicht kommt
Mein alter Herz Vogel
dir überlasse ich die Sonnenuntergänge mir gehört die Wut

(Johann Lippet)

Herz Vogel

Herz Vogel
ich lasse dir die Sonnenuntergänge und nehme mir die Morgenröten.
Ich lasse dir den träumenden Jüngling
und nehme mir den Halbstarken der im Wind lacht
ich lasse dir die Nebel wie sie murmeln
entlang den Feldern in der Jahreszeit der Toten
und nehme mir den Baum in Blüte.
Herz Vogel der immerzu im Gebüsch
landet ich lasse dir deine Gesänge
und nehme mir den Sirenenton
der die Hemdennäherinnen entlässt zu anderen Liebschaften
einem neuen Leben das nicht kommt –
Alter Vogel Herz
ich lasse dir die Sonnenuntergänge und nehme mir die Wut.

(Hans Thill)

Alberto Nessi

Roveto

Tra le spine del roveto a dicembre,
una macchia rossa sul dorso,
il piccione trema: nessuno
lo toglie dalla sua prigione;
chi, preso dai suoi pensieri
si ferma a guardare, vede
come in uno specchio
quella ferita sanguinare.

Dornbusch

In den Stacheln des Dornbuschs im Dezember,
rot befleckt auf dem Rücken,
zittert die Taube: niemand
befreit sie aus ihrem Gefängnis;
wer, von seinem Gewissen geplagt,
stehen bleibt, um es sich anzusehen, sieht
wie in einem Spiegel
jene blutende Wunde.

(Johann Lippet)

Alberto Nessi

Achillea

Splende l'achillea
per l'uomo che cammina e non s'illude
di durare piú di quest'erba

E s'illumina l'uomo quando incontra
la donna che una gioia nasconde,
un brivido, come questo che nelle onde
corre del mio prato d'ottobre.

Die Schafgarbe

Die Schafgarbe leuchtet
dem Mann der zu Fuss unterwegs ist und sich nicht einbildet
länger zu dauern als sie

Und er erglüht der Mann wenn er der Frau begegnet
Die eine Freude verbirgt
Einen Schauder wie den der in Wellen
Durch meine Herbstwiese streicht

(Jan Koneffke)

Schafgarbe

Die Schafgarbe glänzt
für den Mann, der da geht und sich nicht vormacht,
er werde länger dauern als dieses Kraut.

Und der Mann blüht auf, wie er sie sieht,
die Frau, die ihre Freude verhehlt,
ein Erschauern wie jenes, das die Welle durchzieht
meiner Wiese im Oktober.

(Jürgen Theobaldy)

Luci d'inverno

1
È una sera d'inverno. Mio padre
si mette Lucky Strike e Blue Ribbon
intorno alle gambe e passa la frontiera
col doppiopetto da spedizioniere.

Odore d'Italia. Frutta e vino
la borraccia sotto il paltò, il tesserino
la donna che nasconde i dadi.
È finita la guerra. Io sono un bambino.

2
Adesso sono nell'età che l'asfalto
ov'è *Proibito qualsiasi gioco*
si trasforma in uno luogo di visioni:
qui Charlie Parker suona *Un poco loco*

e nella scarpata viola le scorie
della notte diventano storie
lette nei libri, il catarro
sputato da fattorino che va in dogana

una forsizia fuori stagione.
Io conosco la figlia di un ferroviere.
Il nostro albergo sta nel sottoscala.
Bruciano le nostre mani come neve.

Winterlicher Glanz

1
Es ist ein Winterabend. Mein Vater
bringt Lucky Strike und Blue Ribbon
rund um die Beine an und überquert die Grenze.

Es riecht nach Italien. Obst und Wein
in der Feldflasche unter dem Mantel, der Passierschein,
die Frau hat die Suppenwürfel gut versteckt.
Der Krieg ist aus. Ich bin ein Kind.

2
Nun bin ich in einem Alter, da wird Asphalt
mit der Aufschrift *Jegliches Spielen verboten*
zu einem Ort von Visionen:
hier spielt Charlie Parker *Un poco loco.*

und in der violettfarbenen Böschung erzählt
nächtlicher Abfall von den Geschichten,
gelesen in Büchern, dagegen gebeutelt vom Darmkatarrh
der Laufbursche auf dem Weg zum Zoll

mit einer Forsythie um diese Jahreszeit.
Ich kenne die Tochter des Eisenbahners.
Unsere Herberge ist der Abstellraum unter der Treppe.
Unsere Hände brennen wie Schnee.

(Johann Lippet)

Alberto Nessi

In memoria di Elena

Il tuo ricordo è un ramo di fusaggine
colto un pomeriggio di settembre,
un amore che non c'è stato, sul binario morto
un vagone colore della ruggine.

E rivedo la mandorla del tuo viso
sul sentiero dei passi trasecolanti,
la nostra era una goffa giovinezza
in cerca d'una parola, d'un profumo

d'un cielo dove amarci:
se muovo il caleidoscopio dei semprevivi
tutto è possibile, io sono Rimbaud
insieme fuggiamo via su un carro merci.

In Erinnerung an Elena

Deine Erinnerung, ein Spindelbaumzweig
gepflückt im September am Nachmittag
eine Liebe, die es niemals gab, ein Güterwagen
von Rost überzogen, auf einem stillgelegten Gleis

Und wieder dein mandelförmiges Gesicht
unsere verblüffenden Schritte in unserer
unbeholfenen Jugend suchten wir nach einem
Wort, nach einem Duft und nach dem Licht

der Liebe unter diesem einen Himmel:
das Kaleidoskop der Alraune dreht sich
und ich bin Rimbaud, ja, alles ist möglich
auf dem Güterwagen fahr, n wir gemeinsam davon

(Nadja Küchenmeister)

In Erinnerung an Elena

Deine Erinnerung ist ein Zweig des Spindelbaums,
gepflückt an einem Nachmittag im September,
eine Liebe, die nicht wurde, auf dem toten Gleis
ein Waggon, rostrot verfärbt.

Und wieder sehe ich die Mandel deines Gesichts
auf dem Weg, wo alles uns verblüfft,
unser war die ungeschickte Jugend
auf der Suche nach einem Wort, einem Duft,

nach einem Himmel, unter dem man sich lieben darf:
Das Kaleidoskop bewegt sich der Alraune,
alles ist möglich, ich bin Rimbaud,
zusammen machen wir uns davon im Güterwagen.

(Jürgen Theobaldy)

Qui per me è malinconico sempre
ti ha detto l'immigrato nell'ascensore.
Ci si conosce così, sul pianerottolo
davanti al bottone luminoso.
Poi uno parla del tempo
e si capisce cosa c'è dietro
ma non il senso di questo andare e venire
aprire rubinetti e televisori
senza essere insieme.
Questo
Pressappoco avrai pensato
davanti al siciliano ingabbiato:
finché il bottone s'è spento.

Hier wird mir immer ganz melancholisch,
hat dir der Immigrant gesagt im Fahrstuhl.
Von daher kennen wir uns, aus dem Treppenhaus
vor dem leuchtenden Knopf.
Dann redet einer vom Wetter,
und jeder versteht, was er meint,
nicht jedoch warum man kommt und geht,
die Wasserhähne aufdreht und die Fernseher,
ohne dass man zusammen ist.
Dies
etwa wirst du dir gedacht haben
neben dem eingesperrten Sizilianer,
ehe der Knopf erloschen ist.

(Jürgen Theobaldy)

Rondini

Domenica senza amuleti. Due africane in altalena
con voci di rondini nel parco dei richiedenti
l'asilo. Passano scarafaggi
mercedes benz sotto rami potati con lunghi coltelli
– qui si giocava a calcio cent'anni fa.
E d'un tratto, alle transenne, un meteco senza pollice
mi chiede se ho visto suo fratello. Cristo, sì
suo fratello … Io non so cosa dire, penso ai morti per acqua
ai divorati, ai graffiati, a chi vive a rate

a chi nel cuore porta rondini fulminate
qui, vicino alla rete, alla fine dell'estate.

Schwalben

Sonntag ohne Amulette. Zwei Afrikanerinnen auf der Schaukel
mit Schwalbenstimmen im Park der Asylanten.
Ratten kommen vorbei
ein Benz unter mit langen Messern abgeschnitten Zweigen
– hier hat man hundert Jahre lang Fussball gespielt.
Und mit einem Mal fragt mich bei den Schranken ein Ausländer, dem die
Daumen fehlen, ob ich seinen Bruder gesehen habe, Jesus!, ja
sein Bruder ... Ich weiss nicht, was ich sagen soll, denke an alle Ertrunkenen,
Gefressenen, Zerschrammmten, an alle, die auf Raten leben

an den, der erschlagene Schwalben im Herzen trägt
hier, nicht weit vom Übergang, am Ende des Sommers.

(Hans Thill)

Viaggio in Corsica

Li ricordo i muratori del Marocco
che ci hanno invitato a bere il tè verde sotto i sugheri
noi della razza di chi spinge in mare
cani lupi e motoscafi. Li ricordo
ombre in preghiera tra le scorie.
Era un lager? Le baracche
la stanchezza affondata in sedili di macchine abbandonate. E noi
con la testa che scottava non sapevamo che fare
il mare vicino ci minacciava dolcemente.
Quando apparve sulle assi del cantiere
la foto dei bambini con la frangetta
occhi e denti luccicarono nell'oscurità del dopocena
chiamando a raccolta pensieri
da lontano.

Reise nach Korsika

Ich erinnere mich an die Maurer aus Marokko
sie luden uns ein zum grünen Tee unter den Korkeichen
dabei gehörten wir zu den Leuten die Schäferhunde
und Motorboote ins Meer treiben. Ich erinnere mich
an betende Schatten im Müll.
War es ein Lager? Baracken
Müdigkeit wie sie in Schrottautositzen versinkt. Und wir
mit kochendem Schädel wussten nicht was tun
das Meer war in der Nähe bedrohlich und süss.
Am Bauzaun wurde das Foto hervorgeholt
Kinder mit Fransen in der Stirn
die Augen und die Zähne funkelten in der
Dunkelheit nach dem Abendessen
riefen die Gedanken zum Sammeln
von weit her.

(Hans Thill)

Il centocinquantesimo anniversario dell'Indipendenza ticinese

Dopo il corteo partimmo da Bellinzona.
Stavo perdendo tutte le medaglie
per gli occhi della figlia del dentista.
Lei taceva ma le sue mandorle in ombra
mi trapassavano, oh me ne dicevano
di cose impossibili nello scompartimento dell'omnibus!
Sul piano di Magadino non fui piú vergine,
se vergine vuol dire non aver occhi
per le pieghe della sua gonnella bianca:
un fiore diverso per ogni plissé.
A Lamone appassirono le coccarde
poi nell'ultima luce del lago si perse
il mio peccato mortale
e apparvero le ginestre
che avevo sempre sognato: perché un sogno
non può essere vero come un arbusto o una carezza?
Ma quando si trattò di alzarsi in piedi
nel finestrino scorsi sul mio viso
di sottocapopattuglia la vergogna
per quel turgore sotto i calzoncini.

Der hundertfünfzigste Jahrestag der Tessiner Unabhängigkeit

Nach dem Umzug verliessen wir Bellinzona.
Ich wäre bereit gewesen alle Medaillen hinzugeben
für die Augen der Tochter des Zahnarztes.
Sie schwieg, aber ihre schattigen Mandelaugen
durchdrangen mich, oh sie sprachen
vom Unerdenklichen im Abteil des Omnibus!
In der Ebene von Magadino hatte ich meine Jungfräulichkeit verloren,
wenn jungfräulich heissen will, keine Augen zu haben
für ihr weisses Pliseeröckchen:
in jeder Falte eine andere Blume.
In Lamone wurde ich der Brandrosetten gewahr,
im letzten Licht des Sees ging unter
meine Todsünde,
dann war Ginster zu sehen,
von dem ich immer geträumt: wieso kann ein Traum
nicht Wirklichkeit werden wie der Strauch, die Liebkosung?
Als ich mich beruhigt, stellte ich mich ans Fenster,
sah mein Gesicht als Gefreiter, schamrot
wegen jener Schwellung über der kurzen Hose.

(Johann Lippet)

Alberto Nessi

Der 150. Jahrestag der Tessiner Unabhängigkeit

Nach der Parade verliessen wir Bellinzona
ich habe die Orden vergessen
erinnere mich nur an die Augen der Zahnarzttochter.
Sie schwieg aber ihre Mandelaugen die im Schatten lagen
gingen durch mich hindurch, drangen in mich ein
die verbotenen Dinge, die wir im Bus hätten tun können!
Auf der Ebene von Magadino habe ich meine Unschuld verloren,
diese Unschuld die darin bestanden hatte
die Falten ihres weissen Unterrocks nicht gesehen zu haben
eine jede Falte eine andere Blume.
In Lamone hatte ich alle Rosetten vergessen
dann im letzten Licht auf dem See ging
meine Angst vor der Sünde unter
und der Ginster blühte auf
von dem ich immer geträumt hatte: warum kann ein Traum
nicht so wirklich sein wie ein Strauch oder eine Liebkosung?
Aber als ich mich erhob und mich auf die Füsse stellte
entdeckte ich im Fenster mein Gesicht
als das eines Unterfähnleinführers und darauf die Scham
angesichts der Schwellung in meiner Knabenhose

(Sabine Schiffner)

Der hundertfünfzigste Jahrestag der Tessiner Unabhängigkeit

Nach dem Festzug verliessen wir Bellinzona.
Ich gab alle meine Medaillen
für die Mandelaugen der Zahnarzttochter.
Sie schwieg aber ihre Blicke im Schatten
drangen tief in mich ein, oh sie sprachen mir von
unmöglichen Dingen im Omnibusabteil!
Auf der Ebene von Magadino war ich nicht mehr unschuldig
wenn unschuldig heisst blind zu sein
für die Falten ihres Röckchens das weiss war:
eine andere Blume für jedes Plissee.
In Lamone erschienen die Kokarden
dann im schwindenden Licht des Sees hatte sich meine
Todsünde verflüchtigt
und es tauchte der Ginster auf
von dem mir immer geträumt hatte: Warum kann ein Traum
nicht so wahr sein wie ein Strauch oder eine Liebkosung?
Doch als es darum ging aufzustehen
las ich im Fenster auf meinem Gesicht die Scham
des Unterpatrouillenchefs
für jene Beule im Stoff der kurzen Hosen.

(Jan Koneffke)

Alberto Nessi

Preghiera

Non piangere, ti porterò allo SHOPPING CENTER
ti comprerò un asino a dondolo in peluche su rotelle.
Vedremo gli zampilli viola
poi davanti alle vetrine potrai guardare
la station-service della Mobil in miniatura
con due pompe – normale, super – e il drago alato.
Non piangere, ti mostrerò tutti i colori del mondo
mentre un tappeto d'alluminio ci porterà verso il cielo.
Colpiremo il palloncino Muratti nella gabbia di plastica
delle farfalle volteggianti al vento artificiale
e dopo ci daranno un buono acquisto.
Non piangere, faremo il grande concorso vacanze:
è solo questione di fortuna la felicità.

Gebet

Nicht weinen, ich werde dich zum SHOPPING-CENTER bringen,
dir einen Esel kaufen zum Schaukeln, aus Plüsch, auf Rädern.
Wir werden die lila angestrahlten Brunnen sehen,
und dann bei den Vitrinen wirst du
die Tankstelle der „Mobil“ in Miniatur betrachten
mit zwei Pumpen – Normal, Super – und den geflügelten Drachen.
Nicht weinen, ich zeige dir alle Farben der Welt,
während uns ein Teppich aus Aluminimum in den Himmel trägt.
Wir werden den Luftballon von „Muratti“ treffen im Plastikkorb
der Schmetterlinge, die im künstlichen Wind sich wiegen,
und darauf wird man uns einen Gutschein geben.
Nicht weinen, wir machen mit beim grossen Ferienwettbewerb:
Nur eine Frage des Geschicks ist das Glück.

(Jürgen Theobaldy)

Gebet

Nicht weinen, ich bringe dich ja zum SHOPPING-CENTER
werde dir einen Plüschesel kaufen auf Rollen und zum Schaukeln
wir sehen das Springbrunnenwasser das violette
dann beim Schaufenstergucken kannst du
die Mobil-Tankstelle in Miniatur betrachten
mit den zwei Pumpen – normal und super – und dem geflügelten
Drachen.
Nicht weinen, ich werde dir alle Farben der Welt zeigen
während uns ein Aluminiumteppich zum Himmel trägt.
Wir stechen in den Murattiballon im Käfig aus Plastik
in dem die Schmetterlinge auf künstlichem Wind kreisen
und dann wird man uns den Gewinnspielpreis geben.
Nicht weinen, wir werden ja teilnehmen am grossen Ferienwettbewerb:
Das Glück ist allein eine Frage des Glücks

(Jan Koneffke)

Nell'anno del bambino

1
Tour du Lac

Il masticatore di gomma
nascosto dietro gli occhiali neri
voleva buttarti nel lago perché piangevi,
raganella celeste
che scivoli sull'acqua scintillante
senza sapere le miserie del fondo.

Eppure non è un nazista
è uno di qui, dei paesi dove si tengono
sagre dei pesciolini.

2
Fantasmi

aggrappati alla rete metallica
del viadotto sopra l'autostrada

seduto nell'apposito carrello
al supermercato
davanti a spaghetti ciliege sotto brandy
e sua madre gli dice se non la pianti
ti do un pugno sulla testa.

Im Jahr des Kindes

1
Tour du Lac

Der Kaugummikauer
versteckte sich hinter schwarzen Gläsern
wollte dich in den See werfen, denn du weintest,
himmlischer Laubfrosch
der übers leuchtende Wasser rutschte
ohne das Elend zu kennen am Grund.

Dennoch, ein Nazi ist er nicht,
sondern einer von hier, wo in den Dörfern
kleine Fische zur Kirchweih geschlachtet werden.

2
Gespenster

sich festhaltend am Metallnetz
der Brücke über der Autobahn

im praktischen Einkaufswagen sitzend
vor Spaghetti Cognac-Kirschen
und seine Mutter sagt ihm: lass die Pfoten von den Sachen
oder du kriegst eine mit der Faust auf den Kopf

(Hans Thill)

Le cose

– Dove metti tutte le cose che leggi? –
mi chiedi dopo l'acquata
mentre il cielo s'accende di lampi
tardivi. Blu cobalto con cenere. Io sto seduto
come un indiano, spio dal divano. Dove le metto?
Un po' vanno a finire negl'ingombranti
ogni primo giovedí del mese passa il camion
e se li porta via i falsi tappeti
le poltrone slabbrate, i giocattoli zoppi.
Un po' s'impigliano ai fili, altre il vento
le porta via, le seppellisce nella sabbia.
Restano le cose che non lasciano in pace
le cose che tagliano, che feriscono
quelle che scavano gallerie
le cose che cinguettano e luccicano
le cose vive
le cose.

Die Dinge

Wohin bringst du die Dinge, die du liest?
frage ich mich nach dem Regenschauer,
während der Himmel von späten Blitzen
langsam wieder heller wird. Kobaltblau und aschefarben. Ich sitze
auf dem Sofa, halte Ausschau wie ein Indianer. Wohin bringe ich sie?
Einiges wird im Sperrgut landen.
Jeden ersten Donnerstag kommt der Lastwagen vorbei,
fährt mit den Teppichimitaten und mit den durchgesessenen
Stühlen und dem kaputten Spielzeug fort.

Manches verfängt sich in der Hochspannungsleitung,
anderes nimmt sich der Wind und vergräbt es dann im Sand.
Doch bleiben die Dinge, die nicht Ruhe geben
Dinge, die aufwühlen und verletzen,
jene, die Gänge aushöhlen
die zwitschernden und leuchtenden Dinge,
die wirklichen Dinge,
die Dinge

(Nadja Küchenmeister)

Die Sachen

– Was machst du mit all den Sachen in denen du lesen kannst? –
fragst du mich nach dem Regenschauer
als der Himmel noch einmal aufleuchtet von
späten Blitzen. Kobaltblau mit Aschegrau. Ich sitze im
Schneidersitz, überblicke alles von meinem Diwan aus. Was mache ich
mit ihnen?
Einiges wird im Sperrmüll landen
an jedem ersten Donnerstag im Montag kommt der Wagen
und trägt die falschen Orientteppiche fort
die durchgesessenen Polstermöbel, die kaputten Spielsachen.
Einiges wird hängen bleiben, anderes trägt der
Wind fort, bedeckt es mit Sand.
Übrig bleiben die Sachen die keine Ruhe lassen
die Sachen die einschneiden, die verletzen,
jene, die in dich eindringen
die Sachen die zwitschern und leuchten
die lebendigen Sachen
die Sachen.

(Sabine Schiffner)

A Vita

Forse è solo un balletto
davanti a qualcuno che ci guarda
con affetto, la vita. Qualche passo di danza
prima di notte, come questi che vedo
non visto dalla finestra a pianterreno
tornando da un giro in campagna:
guardo e sei tu che provi il saggio
con il vestito lungo davanti a tua madre.
Danza danza, non sbagliare piede
danza come la foglia che non cede
al vento, danza lieve.

An das Leben

Vielleicht ist es nur ein Ballett
für jemand, der es betrachtet
mit Zuneigung, das Leben. Ein paar getanzte Schritte,
ehe es Nacht wird, wie von ihr, die ich sehe,
selber nicht zu sehen, draussen vor dem Fenster im Parterre,
eben von einer Rundfahrt auf dem Land zurück:
Ich schaue, und es bist du, die ihren Auftritt probt
im langen Kleid vor deiner Mutter.
Tanze, tanze, verwechsle nicht die Füsse,
tanze wie das Blatt, das dem Wind
nicht weicht, und tanze leicht.

(Jürgen Theobaldy)

Antonio Rossi

Antonio Rossi

Un tappeto accoglie
ipotesi, negazioni, affanni
tornati, è l'ultimo aggancio prima del tuffo
nell'oscuro spazioso, nel giorno del foro
che aspira; e di nuovo la sola
caligine e una morsa
o altro che stringe
ascelle, una gola
e le gote non più simili
al colore del minio.

Ein Teppich schluckt
Annahmen, Verneinungen, Sorgen
die wiederkehren, es ist der letzte Halt vor dem Sprung
in das geräumige Dunkel, den Tag der ein
schlingendes Loch ist, und von neuem nur
Dunst und ein Schraubstock
oder anderes das Achseln
zusammenpresst, eine Kehle
und Wangen die nicht mehr
an die Menningefarbe erinnern.

(Jan Koneffke)

Ein Teppich schluckt
Vermutungen, Negationen, wiederkehrende
Beklemmungen, letztes Andocken vor dem Sprung
ins geräumige Dunkel, in den klaffenden Tag den
saugenden, wieder nichts als
Dunst, ein Schraubstock
oder etwas anderes, das die Achseln
zusammenpresst, eine Kehle
und nun nicht mehr Mennig
das Wangenrot

(Hans Thill)

Ein Teppich schluckt
Vermutungen, Verneinungen, ewige Sorgen
er ist der allerletzte Halt vor dem Sprung
in die endlose Dunkelheit, in den Strudel des Tages
und wieder nur Nebel und ein Schraubstock
oder was anderes zwängt ein
die Achselhöhlen und den Hals
die Wangen nicht mehr
mennigrot

(Nadja Küchenmeister)

Antonio Rossi

Se graffi, gonfiori
si producono a contatto di punte
e vapori ledono polsi o incidono
effigi crociate di cui si dirà
si eclisseranno e torsioni rivelano
membrane segnate da lievi
sporgenze riflette in un fianco
un foglio di ottone, è impuro
per piegature, per imbratti.

Wenn Kratzer, Schwellungen
entstehen bei der Berührung von Spitzen
und Dämpfe verbrennen den Puls oder schneiden
Kreuzfiguren von denen man sagt
nichts wird zurückbleiben und Drehungen verraten
gezeichnete Hautstellen aus kleinen
Beulen spiegelt in einer Seite
ein Ofenblech, das unrein ist
wellig, verschmutzt

(Jan Koneffke)

Wenn du kratzt, bilden sich
Schwellungen im Kontakt mit Spitzem,
und Dämpfe schaden dem Puls oder wirken auf
kreuzweise Schnitte ein, von denen es heisst,
sie werden verheilen, und Drehungen enthüllen
Flecken Haut, geprägt von leichten
Beulen, auf einer Flanke gespiegelt
vom Ofenblech, unrein,
weil gewellt, weil verschmiert.

(Jürgen Theobaldy)

Autonomamente ci si divincola: in scomparti bene
organizzati con intensità o languidamente
spiati e
per una congettura ricadendo
da spigoli frequenti verso
il dannoso integrale
abbandono e lo sfrenato
sgomento che una o due
ore dopo nuovamente fa
sobbalzare invocare
dissetanti subito
approntati e crea
persuasioni e diffidenze che analisi
e resoconti se non debolmente
riescono a fugare.

Für sich windet man sich durch: in Abteilungen, gut
versorgt, mit Nachdruck oder kraftlos
lauernd und
wegen einer Mutmassung wieder fallend,
von vielerlei Kanten der
schädlichen, völligen
Verlassenheit entgegen und der heillosen
Bestürzung, die ein oder zwei
Stunden später von neuem
aufschrecken lässt und flehen
nach etwas gegen den Durst, sofort
hingestellt, was Überzeugungen
schafft und Misstrauen, von Analysen
und Rapporten kaum
zu zerstreuen.

(Jürgen Theobaldy)

Antonio Rossi

Una bocca pronuncia
un nome lo ripete attende
l'indomani per meglio
modularlo quasi lo scandisce
a sorpresa da torri o scantinati
lo articola con segreta
inflessione sinché fuori
perviene un giorno più che
voce un surrogato di essa
e stupore impulsi abiti gettati
via e molto è insensibile
impallidisce ammutolisce.

Ein Mund spricht
einen Namen aus wiederholt ihn erwartet
den kommenden Morgen um ihn besser
zu modulieren beinahe skandiert er ihn
überraschend von Türmen oder aus Kellergewölben
er artikuliert ihn mit diskreter
Betonung bis eines Tages
von aussen weniger eine Stimme
als ihr Surrogat erklingt
und Erstaunen Impulse weggeschleuderte Kleider
und Vieles das ohne Empfindung ist
sich entfärbt und verstummt

(Jan Koneffke)

Ein Mund spricht
einen Namen wiederholt ihn wartet
auf den nächsten Tag ihn besser
noch zu modulieren fast überdeutlich
zur Verblüffung von Türmen oder aus Kellerlöchern
formt ihn geheimnisvoll
mit Nachdruck bis von ausserhalb
eines Tages keine Stimme
mehr nur ein Ersatz erklingt
und Erstaunen die Impulse fort getan
die Kleidungsstücke und vieles ist verroht
verblasst verstummt

(Nadja Küchenmeister)

Se una cleptomane si getta
nel sonno dai tufi la frenano
in basso manufatti residui e cordami;
e animali e passanti sono
presi da grande meraviglia
mentre i gesti, separati, vagano
fra pseudo garitte. Analogamente
se la vista dell'altro occhio era già nulla
se l'udito dell'altro orecchio era già nullo
cellule a blocchi o singole
illazioni e frenesie vengono
sine die agitate scomposte disseminate
su sterrati non casualmente
manomessi cui si conta di accedere. L'intemperanza
sarà prioritaria.

Wenn eine Kleptomanin schlafwandelnd
von Tuffsteinklippen springt bremsen
unten liegengebliebene Steine und Schnüre;
und Tiere und Passanten stehen
ergriffen vor Verwunderung da
während alle Gesten unabhängig voneinander
zwischen Pseudowachttürmen umherirren. Gleichfalls
wenn die Sehkraft des anderen Auges schon auf Null war
wenn die Hörfähigkeit des anderen Ohres schon auf Null war
verbundene oder vereinzelte Zellen
Unterstellungen Süchte werden
sine die erschüttert aufgelöst zerstreut
auf nicht zufällig aufgebrochenen
Einöden deren Betreten vorhersehbar ist. Die Masslosigkeit
wird vorrangig sein.

(Sabine Schiffner)

Seppure in ambiente solido; il facsimile
di un camerino; fra casse
inservibili e per questo
distrutte; delle frequenze
che si vogliono pare eludere
o impigliare; un interrogativo
sciolto solo in un secondo
tempo; una proroga; una suppletiva
dose di agitazione.

Wenngleich in solider Umgebung; die Nachbildung
einer Künstlergarderobe; zwischen
nutzlosen Kisten und darum
zerkleinert; Frequenzen
die scheint es einander vermeiden
oder sich ineinander verfangen wollen; eine Frage
erst beim zweiten Anlauf
geklärt; ein Aufschub; eine weitere
Dosis an Aufruhr

(Jan Koneffke)

Negli stessi rovi
o custodi sorpresi
nel riposo una smania
dispone a tragitti
non meno dissennati
e dell'ombra è un uncino
robusto e pronto
a premere smodato
e ogni gola o livido
esibito si rovescia
da binari e catene
nell'insidia molto
convulsa.

In denselben Dornen
oder Wachleute aufgeschreckt
im Ruhn ein Begehren
veranlasst zu
nicht weniger sinnlosen Strecken
ein Haken ganz aus Schatten
solide und bereit
zu übermässigem Druck
und jede Kehle jeder blaue
Fleck wird hergezeigt und abgewandt
von Schienen mit Ketten
in heftig lauernder
Konvulsion.

(Hans Thill)

Antonio Rossi

Il rosa porta chiodi
di garofano e forre sollecite
a impedire o sopraffare
prima che un'oscura
istanza differisca ogni
foga poiché ora imperversano
cauti predoni e in edifici
sghembi un fragore occulta
torsioni e anomalie
o con lusinga piomba
e investe rètine come
distolte.

Die Morgenröte bringt Gewürz
nelken und Klüfte
die sorgfältig versperren und überwältigen
bevor eine dunkle
Instanz jeden Eifer
verschiebt denn nun wüten
vorsichtige Räuber und in windschiefen
Häusern verdeckt ein Getöse
Verdrehungen und Abnormitäten
oder es stürzt verlockend herunter
und trifft auf fast abgewandte
Netzhäute

(Sabine Schiffner)

Das Rosa bringt Nelken-
nägel und rasche Schluchten
zu hindern oder überwinden
bevor eine dunkle
Instanz jede Heftigkeit verzögert
denn nun drohen umsichtige
Räuber und in schiefen
Bauten überdeckt ein Getöse
Verrenkungen Anomalien
oder stürzt sich lockend
prallt auf gleichsam
abgelenkte Netzhäute

(Hans Thill)

Nodi e cappi che sempre
si sfilano dopo l'ostinato
uso e miscugli come
esplosi non vagano
in corsie o guardaroba
finché per nascosto
motivo svincolati
essi sono sull'isolante
una stravolta compagine superabile
con sussulto fra le aste
ritorte o spalancate.

Knoten und Schlingen fransen immer
aus nach hartnäckigem
Gebrauch auch beinahe
explosive Gemenge irren nicht
in Gängen oder Schränken
bis sie gelöst aus verborgenen
Gründen zum Isoliermaterial
geworden verbogenes Gefüge
zu überschreiten zwischen
verdrehten oder gespreizten Stangen

(Hans Thill)

Antonio Rossi

Svuotata ogni abitazione
di merci e personaggi e aboliti
pilastri e rinzaffi e disattivata
ogni annessa scorreria
ciò che trapela e agguanta
non è la vista di abnormi
gigli né il percuotere
cupo di un ospite
sgradito non l'esclusivo
permanente invito.

Entleert jede Wohnung
von Waren und Personen abgeschafft
Pilaster und Gerüst weggestellt
jeder angrenzende Einbruch
was hier durchdringt und zupackt
ist nicht die Sicht auf ungeheure
Lilien noch finsteres
Einschlagen auf einen ungebetenen
Gast nicht die fortgesetzte
Einladung nur für Einen

(Hans Thill)

Zu leeren ist jeweils die Wohnung
von Waren und Personen, und aufzugeben
sind Pfeiler und Verputz, und zu entschärfen
ist jeder anschliessende Streifzug.
Das, was durchdringt und packt,
ist nicht der Blick auf die enormen
Lilien, nicht der finstere
Faustschlag gegen einen unerwünschten
Gast, nicht die besondere,
andauernde Einladung.

(Jürgen Theobaldy)

Antonio Rossi

Settima bequadro
legature meno
importano di passi
obbligati verso
pagine cautamente
schiuse traversate
abbandonate entro
circuito prossimo
al subbuglio al perturbato
calare su registro
precipitarsi dare
aria spalancare
meritando da ciò
goffo decreto.

Septime vermindert
Ligaturen nicht
von Belang die notwendigen
Schritte auf umsichtig
aufgeschlagene Seiten
überflogen und verlassen
innerhalb des Kreises
recht nah dem Aufruhr
der Wirrnis hinabzugehen
im Register springen
Luft lassen zu reissen
verdient mein
stümperhaftes Urteil

(Hans Thill)

Frédéric Wandelère

Frédéric Wandelère

Le singe

Pour moi qui ai si longtemps vécu
Dans les arbres et les feuillages
Avant de m'installer en singe
Parmi les livres, surplombant
Ma chambre les lits et les siècles,
Le grand air me suffit. Les pluies
Tropicales me sont fournies
Sous les nuages, aux rayons Perse
Géographie et poésie

Der Affe

Mir der so lange in Bäumen
Und Blättern zu Hause war
Bevor ich Quartier bezog
Zwischen den Büchern, mein Zimmer
Die Betten, Jahrhunderte überblickend.
Mir genügt das grosse Gewese. Den tropischen
Regen stellt man mir unter den
Wolken zu, in den Regalen Perse
Geografie und Poesie

(Jan Koneffke)

Der Affe

Ich, der ich so lange lebte
In den Bäumen und Blättern
Bevor ich mein Affenleben
Zwischen Büchern einrichtete, rage
Über mein Zimmer, die Bücher und Jahrhunderte hinaus
Eine grossartige Geste genügt mir. Die
Tropischen Regenfälle liefern mir die
Wolken und in den Regalen stehen Perse
Geographie und Poesie

(Sabine Schiffner)

Der Affe

Mir, der ich so lange auf Bäumen
Gelebt und in Blattwerk,
Bevor ich mich einnistete als Affe
Zwischen den Büchern, die erdrücken
Das Zimmer, die Betten und die Jahrhunderte,
Genügt das vornehme Aussehen. Tropische
Regenfälle werden mir mit den Wolken
Geliefert, in die Regale mit Perse
Geographie und Poesie.

(Johann Lippet)

Baleines, libellules & Cie

J'ai vu de grandes baleines avec mon père ;
C'était l'époque où elles voyageaient encore
De ville en ville certes empaillées
Et protégées des regards à moins de cinquante
Centimes, mais dignes bien qu'impuissantes
Dans des remorques de foire pérégrinant
Avec des marins d'opérette sur les routes
Du continent

*

C'était ma première libellule
Et pour tout dire comme elle tournait
Autour de mon barrage elle me faisait presque
Peur. C'était à Planafaye et j'avais
Découvert une source puis formé un lac
Elle était là très intéressée.
A cette époque Rostand ne nous avait pas
Encore présentés.

Wale, Libellen usw.

Ich habe grosse Wale gesehen mit meinem Vater;
Zu einer Zeit, als sie noch von Stadt zu
Stadt reisten sicher eingepackt in Stroh
Und geschützt vor Blicken zu weniger als fünfzig
Rappen, zwar machtlos, doch würdig
In Schaubuden, die umherzogen
Mit operettenhaften Matrosen auf den Strassen
Des Kontinents

*

Es war meine erste Libelle
Und ehrlich gesagt wie sie um meinen Damm
Kreiste machte sie mir beinahe
Angst. Das war in Planafaye und ich
Hatte eine Quelle entdeckt, mir einen See gestaut
Das hat sie wirklich interessiert.
In dieser Zeit hatte uns Rostand einander
Noch nicht vorgestellt.

(Hans Thill)

Frédéric Wandelère

Wale, Libellen und Co

Ich habe mit meinem Vater die grossen Wale gesehen
Damals, als sie noch auf Reisen gingen
Von Stadt zu Stadt gut eingepackt in Stroh
Beschützt vor den Blicken für nicht mal fünfzig Rappen
Würdig zwar, aber sie konnten nichts machen
In den Jahrmarktsschleppern, sie zogen
Mit den Matrosendarstellern über die Landstrassen
Des Kontinents

*

Es war meine erste Libelle
Und um ehrlich zu sein, wie sie da kreiste um meinen
Damm schüchterte sie mich ein. Das war in Planafaye,
ich hatte eine Quelle entdeckt, und einen See gestaut
Sie interessierte sich sehr dafür.
Zu jener Zeit hatte Rostand
uns einander noch nicht vorgestellt

(Nadja Küchenmeister)

Walfische, Libellen und Co

Ich habe grosse Walfische gesehen, zusammen mit Vater;
Es war die Zeit, als sie noch herumreisten
Von Stadt zu Stadt, sicher verpackt im Stroh
Und geschützt vor Blicken zu weniger als fünfzig
Rappen, aber voll in Würde, wenngleich machtlos
In Messewägen, worin sie pilgerten
Mit Seeleuten aus dem Märchen, auf den Strassen
Des Kontinents.

*

Es war meine erste Libelle,
Und, um ehrlich zu sein, wie sie kreiste
Um meine Abwehr herum, machte sie mir beinahe
Angst. Das war in Planafaye, und ich hatte
Eine Quelle entdeckt, dann geformt zum See,
Das hat sie sehr interessiert.
Damals hatte sich Rostand
Uns noch nicht vorgestellt.

(Jürgen Theobaldy)

Cinq ans

Tout petit le fils des vanniers m'avait
Prêté sa voiture à pédales, et adopté
Presque à la roulotte. Nous avons traversé
Le quartier, partagé des puces en amis
Véritables puis ils sont repartis

Fünf Jahre

Der kleine Sohn der Korbflechter hatte mir
Sein Tretauto geliehen und hätte mich am liebsten
Auch im Wohnanhänger einquartiert. Zu zweit
Erforschten wir das Domizil, teilten die Flöhe, wie
Echte Freunde, dann gingen sie wieder fort von hier

(Nadja Küchenmeister)

Fünf Jahre

Ganz klein hatte der Sohn der Korbflechter
Mir sein Tretauto geborgt, war fast
Aufgehoben in ihrem Wohnwagen. Wir haben
Das Viertel durcheilt, als wahre Freunde
Flöhe geteilt, dann sind sie weitergezogen.

(Jürgen Theobaldy)

Le petit pré

Pour P.-A. T

Nous avons vu le Tigre vivant au sommet
De la citadelle, par vent d'automne. Mais
Enfermé sous le masque de la Patience.
Personne pourtant n'a osé ni n'oserait
Simplement traverser le petit pré devant
Lui. Nous avons bien vu des singes et des paons –

Pour aller au pré, nous qui tenons
Des deux, la légèreté nous manque
Et l'assurance des papillons

*

Je ne sais vraiment pas pourquoi
Je n'ai plus de fourmis chez moi
Les escargots c'est par erreur
Qu'ils voyagent parmi les fleurs

Le soir les papillons
Tournent dans la maison.
Le chien dort, les chats rôdent
La nuit près d'Anne-Claude.

Die kleine Wiese

Für P.-A. T.

Wir haben den Tiger gesehen der auf der Spitze
Der Burg lebt, bei Herbstwind. Doch
Ist er maskiert mit dem Beisskorb der Geduld.
Trotzdem würde es niemand wagen
Einfach die kleine Wiese zu überqueren vor seinen
Augen. Wir haben wohl Affen und Pfauen gesehen –

Um über die Wiese zu gehen, fehlt uns
Nicht anders als ihnen die Leichtigkeit
Und der Übermut der Schmetterlinge

*

Wirklich ich weiss nicht warum
Mich keine Ameisen mehr zwicken
Irrigerweise reisen die Schnecken
Zwischen den Blumen

Am Abend kreisen
Schmetterlinge im Haus
Der schlafende Hund die vagabundierenden Katzen
Die Nacht nah bei Anne-Claude

(Jan Koneffke)

Die kleine Wiese

Für P.-A. T.

Wir haben den Tiger gesehen, lebend, auf der Spitze
Der Zitadelle, im Herbstwind. Aber
Umschlossen von der Maske der Geduld.
Indes hat niemand gewagt oder würde es wagen,
Einfach die Wiese zu durchqueren vor
Ihm. Wir haben wohl Affen und Pfauen gesehen –

Um durch die Wiese zu gehen, fehlen uns, die wir
den beiden gleichen, das Leichte
und die Sicherheit der Schmetterlinge.

*

Ich weiss wirklich nicht, warum
Ich keine Ameisen mehr bei mir habe.
Die Schnecken, sie sind im Irrtum,
Wenn sie durch die Blumen reisen.

Abends kreisen die Schmetterlinge
Durch das ganze Haus.
Der Hund schläft, die Katzen streichen
Nachts nahe bei Anne-Claude umher.

(Jürgen Theobaldy)

Nuit du 9 octobre

Je traduisais depuis des jours Anacréon
Ou plutôt je l'invoquais avec Simonide
Goethe et l'Anthologie palatine

Peu après minuit il m'a fait signe
Envoyant à ma porte pour la faire dormir
Chez moi en poésie sous protection divine

La femme et la beauté, la Musique,
Laura en personne au point du jour envolée

Die Nacht des 9. Oktober

Seit Tagen übersetzte ich Anakreon
Oder vielmehr mithilfe von Simonides Goethe und
Der Griechischen Anthologie habe ich ihn herbeizitiert

Kurz nach Mitternacht gab er mir ein Zeichen
Denn er schickte sie an meine Tür bei mir
Zu schlafen poetisch unter dem Schutz der Götter

Die Frau, die Schönheit, die Musik,
Laura persönlich im Moment des entfliehenden Tags

(Hans Thill)

Nacht vom 9. Oktober

Übersetzte seit Tagen Anakreon
Vielmehr eine Anrufung durch Simonides
Goethe und die Anthologia Graeca

Kurz nach Mitternacht gab er mir ein Zeichen
Schickte zu meiner Tür um ihr Schlaf zu gönnen

Die Frau und die Schönheit die Musik
Laura in Person an der Schwelle zum entfliehenden Tag

(Johann Lippet)

Marseille. En face de la Vieille Charité

Somalienne la très jeune Africaine ?
De la Corne d'Afrique c'est tout à
Fait sûr, et d'une grâce inconcevable.
Elle tourne et bourdonne dans la corde
A sauter. Je m'arrête stupéfait
De bonheur. Son père qui n'est pas loin m'a vu
Et me fait un signe de grand seigneur
Je reste un long moment, encore une journée
De sauvée

Marseille. Vor der Alten Charité

Somalierin die sehr junge Afrikanerin?
Vom Horn von Afrika, da bin ich mir
Sicher, und von einer unbeschreiblichen Anmut.
Sie dreht ihr Seil, summt ein Lied,
Springt. Verblüfft bleibe ich stehen,
Voller Bewunderung. Unweit ihr Vater, hat mich gesehen,
Macht mir ein Zeichen, das eines vornehmen Herrn.
Ich verweile einen langen Augenblick, ein Tag
der noch zu retten ist.

(Johann Lippet)

Marseille. Vor der Alten Charite

Ist die sehr junge Schwarze Somalierin?
Vom Horn von Afrika das ist ganz
Sicher, und von einer unglaublichen Grazie.
Sie hüpft im sich drehenden Springseil
Und summt. Sprachlos halte ich inne
Vor Glück. Ihr dabeistehender Vater hat mich bemerkt
Und macht mir ein Zeichen wie ein Grandseigneur
Ich bewege mich nicht einen langen Moment, noch
Ein geretteter Tag.

(Jan Koneffke)

Géographie vraie

Sur la route qui mène à la plantation
Et s'élève interminablement
Parmi les haies, les colibris,
Les dignitaires en tenue blanche entourant
Des bœufs, on lit, en toutes lettres, Le Parnasse
Inscrites sur la carte et le terrain
Sans erreur possible. C'était donc là
Sous les sentiers du Matouba,
Les forêts, les sources et les pluies.
L'Habitation de Perse est à peine au-delà

Wahre Erdkunde

Auf der Strasse, die zur Plantage führt
Und endlos lange ansteigt
Zwischen den Hecken, den Kolibris,
Den Würdeträgern im weissen Gewand, umgeben
Von Büffeln, liest man, in allen Schriften: „Der Parnass",
Eingeschrieben auf der Karte und auf der Erde
Ohne jeden Irrtum. Es war also dort,
Unter den Wegen des Matouba,
Der Wälder, der Quellen und der Regengüsse.
Die „Habitation" von Perse ist kaum davon weg.

(Jürgen Theobaldy)

Geographische Wahrheit

Auf der Strasse, die zur Plantage führt
Und endlos ansteigt zwischen
Den Hecken, den Kolibris
Den würdigen Leuten im weissen Gewand
bei den Rindern, liest man, in verschiedenen Schriften, Le Parnasse
Es steht auf der Karte und auf dem Land
Kein Irrtum möglich. Es war also dort
Bei den Wegen des Matouba,
Die Wälder, die Quellen und der Regen,
Nicht weit von hier die Habitation von Perse

(Hans Thill)

Petits poèmes sous–marins et de surface

La crevette littéralement je l'adore ;
Nous nous sommes croisés quelques mètres sous l'eau.
Palmes aux pieds, masque, bouteille et détendeur,
Je tiens du homard simplifié, d'une Platée
Masculine trouvant la Beauté sans l'avoir
Jamais cherchée et moins encore méritée

Par dix mètres de fond la crevette posée
Devant moi, qui fait signe. Pourrait–on sous l'eau
Etre, selon l'expression, *aux anges ?*

Parmi les poissons, des anges circulent
Avec des fées réelles et de vrais démons
Sous ce nom attesté dans les livres

Parmi les crabes, ceux qui s'élancent devant
Moi sur des ficelles de théâtre, deux yeux
Me fixant à distance bien comptée.
Ceux-ci ne traitent qu'avec l'eau, la mer
Et la peur

Kleine Unterwasser- Überwassergedichte

Die Krabbe bete ich buchstäblich an;
Ein paar Meter unter Wasser sind wir uns begegnet.
Flossen an den Füssen, Maske, Flasche und Ventil
Habe ich vom Hummer schlicht, einer Schüssel
Männlichkeit Schönheit findend ohne sie
Je gesucht zu haben und noch weniger
Verdient

(Hans Thill)

In zehn Metern Tiefe posiert die Krabbe
Vor mir, sie sendet Signale. Könnte man unter Wasser sein
So wie es heisst, *wie unter Engeln?*

Zwischen den Fischen tummeln sich Engel
Echte Feen und wirkliche Teufel
Unter diesem Namen, der in den Büchern verbürgt ist.

(Sabine Schiffner)

Unter den Krabben, die sich nach vorne wagen
Ich an Theaterfäden, zwei Augen
Fixieren mich in gut gewähltem Abstand.
Solche haben Umgang nur mit dem Wasser, dem Meer
Und der Furcht

(Hans Thill)

Le chien et la truie

Le chien s'appelle Cacao,
Attaché, comme Arthurette,
Mais lui mourra de vieillesse
Ou de chagrin car il pleure
La nuit tout seul sous l'averse
Tandis qu'elle attend son meurtre
Et la casserole au bout
D'une corde sous le manguier

Der Hund und die Muttersau

Der Hund heisst *Cacao*
Angebunden, wie *Arthurette*
Doch wird er an seinem Alter sterben
Oder aus Kummer, er weint
Ganz allein in der Unwetternacht während sie
Auf ihr gewaltsames Ende wartet
Und die Pfanne am Ende
Des Seils unterm Mangobaum

(Jan Koneffke)

Der Hund und die Sau

Der Hund heisst Cacao
Angeleint, wie Arthurette,
Doch wird er an Alter sterben
Oder vor Kummer, denn er heult
Die ganze Nacht allein im strömenden Regen
Während sie auf ihre Ermordung wartet
Und die Pfanne am Ende
Eines Seils unter dem Mangobaum.

(Hans Thill)

La Mort distraite a longtemps passé près de moi
Sans me voir et puis comme une danseuse un peu
Saoûle à qui j'aurais imprudemment fait de l'oeil,
Elle m'a vu. Maintenant elle se rapproche
De mes Amis qu'elle importune sans
Façon quand elle ne leur tombe
Pas dans les bras

Oft ging der Tod an mir vorüber, geistesabwesend sah er
Mich nicht, doch glich er einmal einer Tänzerin, betrunken
Hübsch, und ich neckte sie, fatalerweise, denn nun sah sie mich.
Jetzt hakt sie sich bei meinen Freunden unter und flirtet,
Wie es ihr beliebt, manchmal beherrscht sie sich auch nicht.

(Nadja Küchenmeister)

Frau Tod ging lange Zeit zerstreut an mir vorbei,
Sah mich nicht, und dann, wie eine Tänzerin mit einem
Schwips, vielleicht von mir ganz unvorsichtig angezwinkert,
Hat sie mich gesehen. Jetzt kommt sie meinen Freunden näher,
Die sie ungeniert belästigt, wenn sie
Nicht gleich in ihre Arme fällt.

(Hans Thill)

Pierre Voélin

Les doux martyrs
ceux que blessent les myrtilles
que renouvellent les souffles de pierre

vieillards aux yeux de petit-gris
femmes aux seins trop lourds
enfants de la mort subite
– les mutilés

Sans honte maintenant
qu'ils glissent et disparaissent
s'en aillent au-devant de toi seigneur

Emporte-les cette fois sur une barque de neige

Die sanften Märtyrer
jene die die Heidelbeeren verletzen
die den Atemhauch des Steins erneuern

Alte mit den Augen von Eichhörnchen
Frauen mit zu schweren Brüsten
Kinder des plötzlichen Todes
– die Versehrten

Jetzt ohne Scham
dass sie davonglitten und verschwänden
fortgingen vor Dir, Herr

Nimm dieses Mal sie mit auf eine Barke aus Schnee

(Jürgen Theobaldy)

Pierre Voélin

Toi que j'attends pour que s'achève la douleur
apparue de nuit avec le gel et les flocons
soufflée dans chaque cil de la forêt

fleur du fraisier sauvage – la plus proche
qui pesait la boue et les billes de chêne

et jusqu'à ce pépiement de roitelets
s'élevant de branches en branches
vers le faîte la voûte bleue
où s'apaisait le cœur

Du die ich erwarte damit der Schmerz sich vollende
der bei Nacht mit dem Frost und den Flocken kam
in jede Wimper des Waldes geblasen

Blüte der wilden Erdbeere – allernächste
Dreck und Eichenklotz hast du verglichen

und auch dieses Goldkehlchenpfeifen
aufsteigend von Ast zu Ast
und weiter zur Spitze der blauen Kuppel
wo das Herz seine Ruhe fand

(Jan Koneffke)

Du die ich erwartet damit sich vollendet der Schmerz
erschienst nachts mit dem Frost und den Flocken
hergeweht aus dem letzten Winkel des Waldes

Blüte der wilden Erdbeere – die weiss
was Schmutz wiegt der Eichklotz

kennt dieses Piepen des Schneekönigs
unterwegs von Ast zu Ast
auf den Dachfirst in die blaue Wölbung
wo das Herz sich beruhigt

(Johann Lippet)

Cœur tu passes obscur
sous la pluie d'étoiles qui harponnent

Non moins obscur fut le rêve à gravir
cœur angoissé par sa nuit
cœur à sa fatigue

A la lueur du fer
va s'éclairer le paysage
se déploieront les fleurs des vergers
un pommier agitera le fanion de ses gouttes

Herz – du gehst dunkel
unter dem Schauer aus harpunierenden Sternen

nicht weniger dunkel war der Aufstieg zum Traum
durch seine Nacht mit ängstlichem Herzen
ermüdendem Herzen

aber hell wird die Landschaft
im Blitz des Eisens
die Blumen des Obstgartens werden sich öffnen
ein Apfelbaum schwenkt seine Fähnchen aus Tropfen

(Jan Koneffke)

Sous l'écorce et la feuille mince du bouleau
silence tu t'abrites – et je m'abrite

Et toi pareille à la rose de l'ange de Silésie
belle tu es belle d'être sans pourquoi

Même les ombres aujourd'hui sont propices

Le blé va surgir et poser l'été sur ses tiges
pour toi qui doutes et marches haletante
vers ton commencement

Unter der Rinde und dem schlanken Blatt der Birke
hast du Stille deinen Unterschlupf und ich mit dir.

Und wie die Rose des Schlesischen Engels
bist du schön meine Schöne weil du bist ohne Warum

Sogar die Schatten sind heute gnädig

Erstehen wird das Getreide es wird den Sommer auf seine Halme legen
für dich die Zweiflerin die atemlos zu ihrem Anfang geht

(Hans Thill)

Unter Borke und Blatt der Birke dünn
Stille du Schutz suchend – ich Schutz suchend

Und du wie die Rose des Schlesischen Engels
bist schön ohne jedweden Grund

Selbst die Schatten liegen heute günstig

Das Korn wird spriessen sich einverleiben Sommer
für dich die zweifelt und keuchend marschiert
auf ihren Anbeginn zu

(Johann Lippet)

Unter der Rinde und dem hellen Blatt der Birke
Stille du suchst Schutz – und ich suche Schutz

Du bist schön wie die Rose des schlesischen Engels
du bist schön weil du bist ohne Grund

Sogar die Schatten fallen heute günstig

Das Korn richtet sich auf, legt den Sommer auf seine Halme
für dich die zweifelt und weiterwandert schweratmend
zu deinem Beginn.

(Jan Koneffke)

Pierre Voélin

Laisse-moi tes yeux amour et leur silence
plus loin tes cris que je les cache
un à un sous la pelisse d'hiver

que je les pose dans l'espace blanc
les offre à l inouïe dévoration
des branches

Oh la timidité de ta langue
– douceur de feuilles
à l'aine

le jeu des flocons mêlés à tes cheveux
sur la vitre le gel et ses nervures
si hautes les maigres étoiles
qui défilent

Lass mir deine Augen, Liebe und ihr Schweigen
weit entfernt sind deine Schreie, nacheinander
verberge ich sie im pelzgefütterten Winterkleid

Ich stelle sie in den weissen Raum
der Umklammerung der Zweige
gebe ich sie preis

Oh die Befangenheit deiner Zunge
– Zartheit der Blätter
an der Leiste

Flockengestöber in deinem Haar
auf der Scheibe die Adern im Eis
am Himmel ziehen blasse Sterne
vorbei

(Nadja Küchenmeister)

Lass mir deine Augen Liebste und ihr Schweigen
weit weg deine Rufe die ich verwahre
einzeln unter dem pelzgefütterten Mantel

die ich in den weissen Raum stelle
sie anbiete der beispiellosen Unersättlichkeit
von Zweigen

Oh die Schüchternheit deiner Zunge
– zarte Blätter
in deiner Leistenbeuge

das Spiel der Flocken gefallen in dein Haar
an den Scheiben der Frost geädert
weit oben das kümmerliche Gestirn
zieht vorüber

(Johann Lippet)

Je chante avec les pousses du froid
et les ramures et le noir d'écorce

avec la voix léguée par le père

Je chante et par le chant convie
aux abois des flammes
à la table de neige

l'autre et le semblable le frère
la sœur l'époux et l'épouse

Dans les champs exultent les corneilles
tirant sur l'attache des cris

cisailles en l'air haut suspendues

Mémoire – et cette grande faim du blanc
mémoire éblouie quand pleuvent
les aiguilles

Ich singe mit den Schösslingen der Kälte
und dem Geäst und dunkelfarbner Rinde

mit der Stimme die Vater mir vermacht

Ich singe und lade ein mit dem Gesang
zum Gezeter der Flammen
am Tisch aus Schnee

den anderen und den Gleichgesinnten den Bruder
die Schwester den Gatten und die Gattin

In den Feldern frohlocken die Krähen
schreien alles nieder

Kreissägen hoch in den Lüften

Erinnerung – und dieser grosse Hunger nach Weiss
verwirrte Erinnerung wenn es regnet
wie mit Nadeln

(Johann Lippet)

Ich singe mit den Kälteknospen
den Zweigen und der schwarzen Rinde

mit der Stimme vom Vater geerbt

Ich singe und lade singend ein
an den Tisch aus Schnee
zu bellenden Flammen

den Anderen und Meinesgleichen den Bruder
die Schwester den Gatten und die Gattin

In den Feldern frohlocken die Krähen
sie zielen auf den Angelpunkt der Schreie

Scheren hoch in den Lüften hängend

Erinnern – und dieser grosse Hunger auf Weiss
Geblendetes Erinnern wenn es Nadeln
regnet

(Hans Thill)

Pierre Voélin

Seul avec le rapace à prononcer le silence
comme une plaie de feu sur les champs

En toi grandissent les épreuves de la parole
Mémoire ouverte – arrière-monde incendié

Sur l'enfant que tu épargnes
les couronnnes d'air les couronnes de graminées

Allein mit dem Falken formst du das Schweigen
wie eine Feuerwunde auf den Feldern

In dir reifen die Proben der Worte
Erinnerung offen- Nachwelt verbrannt

Über dem Kind, das du dir sparst
Die Kronen aus Luft, die Kränze aus Gras

(Nadja Küchenmeister)

Plus lourds les palonniers ô crépuscule
et les chevaux sont morts étranglés
langue avalée

Les haches et les serpes appellent l'hiver
appelez le vent hommes pour qu'il touche
les naseaux et la terre et les cils

Nous porterons nos pas vers des buissons de jour
nos yeux à des hauteurs de frêne et de hêtre
à ta hauteur neige – sœur aimée
sœur manquée

Schwerer die Pedalen o Abenddämmerung
und die Pferde sind tot gewürgt
Zunge geschluckt

Die Beilen und Hippen rufen den Winter
ruft den Wind her Männer damit er streife
die Nüstern und die Erde und die Wimpern

Wir lenken unsere Schritte zum Buschwerk des Tages
unsere Augen auf der Höhe der Esche und der Buche
auf deiner Höhe Schnee – geliebte Schwester
verfehlte Schwester

(Jürgen Theobaldy)

Pierre Voélin

La première venue

Saluer la premiére venue
la rose immobile qui perce les paumes

Puis – ce jour-là – veiller les morts
– il faut qu'ils parlent
innombrables
sur les prairies les pentes les collines
plus bas dans les parois de glace
au loin – pliés
dans leur étui de cendres

Aveugler d'autres chiens – une autre tâche

La parole est soif
fardeau le voile du pollen

Die Erstbeste

Begrüssen die als Erste kommt
reglose Rose die den Handteller durchbohrt

Danach – an diesem Tag – bei den Toten wachen
– sie sollen sprechen
unzählige
auf den Wiesen den Hängen den Hügeln
weiter unten in den eisigen Höhlen
in der Ferne – gefaltet
in ihr Aschefutteral

Andere Hunde blenden – eine andere Aufgabe

Das Wort ist Durst
Bürde das Segel des Blütenstaubs

(Hans Thill)

Erstgekommene

Die Erstgekommene begrüssen
starre Rose die Handflächen durchbohrt

Dann an diesem Tag bei den Toten wachen
sie zum Sprechen bringen
unübersehbar
auf den Weiden an den Hängen der Hügel
tief unten in den Gräbern aus Eis
weit weg – gepresst
ihre Asche in Behältern

Andere Hunde blenden ein anderes Tagewerk

Das Wort durstet
Bürde das Segel des Blütenstaubkorns

(Johann Lippet)

Petite troupe à l'orée – les chevreuils
leur approche matinale – sauts
à réveiller le temps – gigue
à la cadence des sabots

et les bourgeons qui éclatent
sous les langues

Mais pour toi la fiancée juive
une seule coiffe de neige

et le vent qui la souffle

L'hiver veut baiser tes doigts
avec le lichen sécher tes épaules

toi tu retisses les draps
la terre au liseré noir les cendres
où les morts ont refermé leurs yeux

tu pries lentement de la prière des feuilles

Kleine Truppe im Waldesschatten – Eichhörnchen
Annäherung am Morgen – Sprünge
um den Frühling zu wecken – ein Tanz
zur Kadenz ihrer Krallen

und die ersten Knospen platzen
in ihren Mäulern

Aber für dich die jüdische Braut
mit deiner Haube aus Schnee

und dem Wind der sie forttreibt

Der Winter will deine Finger küssen
mit seinen Flechten trocknet er deine Schultern

du webst das Bettzeug immer wieder neu
die Erde mit ihren schwarzen Borten die Asche
in der die Toten ihre Augen endlich wieder zuschliessen können

du sprichst langsam mit den Gebeten der Blätter

(Sabine Schiffner)

Pierre Voélin

Me précède ce jour la gravité des arbres
très grands arbres aux gestes lents
leur frémissement de feuilles
– cœur blanc

m'enveloppe la confiance du fleuve
l'énormité de ses herbages
ses huttes de brochets
le doux matelas du bois flotté

m'en allant vers plus d'absence
et d'autres seuils et d'autres lumières
ce petit lait des heures où tremblent les faons

An diesem Tag eilt mir voraus die Würde der Bäume
riesengrosse Bäume mit langsamen Gebärden
das Säuseln der Blätter
– ein offenes Herz

mich umweht die Vertrautheit des Flusses
die Weite seiner Weiden
der Anglerplatz für Hechte
wie weiche Matratzen das Flössholz

bin unterwegs zu mehr Abwesenheit
anderen Schwellen und anderen Lichtern
kurz die Milchzeit wenn Rehkitzen zittern

(Johann Lippet)

Mir geht an diesem Tag voraus der Ernst der Bäume
der grossen Bäume mit langsamen Gebärden
das Frösteln ihrer Blätter
– weisses Herz

mich umfängt das Vertrauen des Flusses
die Ungeheuerlichkeit seiner Weiden
seiner Hechtverschläge
die weiche Matratze des Treibholzes

denn wohin ich gehe ist mehr Abwesenheit
und andere Schwellen und anderes Licht
Ein wenig von der Milch der Stunden da die Kitze zittern

(Hans Thill)

An diesem Tag geht mir der Ernst der Bäume voraus,
sehr grosser Bäume, die sich sachte wiegen
das Rascheln ihrer Blätter
– weisses Herz

Ich bin umfangen vom Vertrauen des Flusses
von der Unermesslichkeit seiner Weiden
von seinen Hütten für die Hechte
von der weichen Matratze des Treibholzes

Unterwegs zu grösserer Abwesenheit
zu anderen Schwellen und anderen Lichtern
die kurzen Milchstunden, in denen die Rehkitze zittern

(Nadja Küchenmeister)

Paris

Là – tu parles aux oiseaux
et toutes les tuiles sont en voyage
pour toi la lumière apprend à se promener

Ici un peuple et ses chiens circulent
entre des pierres des gravats
la fiente les étrons

flotte plus mince – aux parois
colorées – l'ombre du papier peint

Là – tes fleurs vivent – le vent
tu le convoques
il surveille les rituels enfantins
avec leurs cheveux tu retiens les bateaux

Ici tes pluies sont femmes
dans la craie dans l'ardoise bleue
une seconde leurs yeux brillent et s'effacent

La vinge vierge n'est qu'un foulard

Là – ton cœur bat – en grand danger
qu'il tremble ton cœur de verre
le seul ciblé dans les rosaces
au sud à l'est à l'ouest

A la fin – c'est toi qui le devines
tes chevaux d'or ont la fièvre
ils traînent une barge noire
– les mots la houille

Ici chaque minute meurt fatiguée
le feu est tombé de ta bouche

Chez toi l'étranger habite sa demeure
– et je m'incline

Paris

Da – du sprichst mit den Vögeln
und alle Dächer fliegen fort
für dich erlernt das Licht Spazierengehen

Hier treiben sich Menschen mit Hunden herum
zwischen den Steinen dem Schutt
dem Dreck den Hundehaufen

es treibt sehr schlank – vorüber an in vergangener
zeit bemalten wänden – Schatten von Papiertapeten

Da – deine Blumen atmen – der Wind
du rufst ihn herbei
er ist der Wächter der kindlichen Spiele
mit ihren Haaren hältst du die Boote zurück

Hier sind deine Regentropfen Frauen
die in die Kreide und den blauen Schiefer dringen
einen Moment lang leuchten ihre Augen auf und verschwinden

Der wilde rote Wein ist nichts als ein Tuch

Da – dein Herz schlägt – es ist in Gefahr
wie es zittert dein Herz aus Glas
das einzige Ziel in den Rosen
die im Süden im Osten im Westen stehen

Am Ende- bist du es die es versteht
deine goldenen Pferde sind fiebrig
sie ziehen den schwarzen Treidelkahn
– Die Worte die Kohle

Hier stirbt jede Minute vor Müdigkeit
das Feuer ist aus deinem Mund gefallen

Hier kann der Fremde bei sich sein
– und ich verneige mich

(Sabine Schiffner)

Dans les bouches noires les dents cèdent
– minute après minute ils remâchent
le gravier de l'horreur

Ils se voient partir deux à deux
Ils marchent délivrés vers l'enfer animal

Leurs doigts ont pris la couleur des cardamines
leurs poignets sont noués aux fétuques
leurs yeux dehors – et l'écuelle
du ciel de mai

Mais rien comme la fumée rien comme les vents
qui traversent le jour des barbelés

In den schwarzen Mündern geben die Zähne nach
Minute um Minute zermahlen sie
den Schreckenskies

Sie sehen sich aufbrechen zwei und zwei
Sie marschieren zur Tierhölle

Ihre Finger haben die Farbe der Schaumkräuter
ihre Fäuste sind mit Ampfer verknotet
ihre hervortretenden Augen – und der Napf
des Maihimmels

Aber nur der Rauch nur der Wind
dringen durch den Stacheldrahttag

(Hans Thill)

Aus den schwarzen Mündern weichen die Zähne
– Minute um Minute kauen sie doch
den Kies des Schreckens

Sie sehen sich zwei und zwei davongehen
sie marschieren ohne Schutz der vertierten Hölle zu

Ihre Finger haben die Farbe des Schaumkrauts angenommen
ihre Fäuste sind gebunden von Wiesenschwingel
ihre Augen aufgerissen – und der Napf
des Himmels im Mai

Aber nichts als der Rauch nichts als die Winde
Die den Tag durchwehen des Stacheldrahts

(Jürgen Theobaldy)

Pierre Voélin

IN MEMORIAM NADEJDA MANDELSTAM

La parole et son goût de tuiles – buvant l'été
et le miel et l'amère certitude

Tu n'es qu'une visiteuse dans le souvenir
ailleurs l 'aigre sueur de mort

Toi seule écoutes
égrener un à un les mots du chant

Ici le jour perce le tympan des morts

IN ERINNERUNG NADEJDA MANDELSTAM

Das Wort schmeckt nach Ziegeln – sie trinken den Sommer
Den Honig, die bittere Gewissheit

Du kannst nur die Erinnerung aufsuchen
Der herbe Todesschweiss anderswo

Du allein hörst
das Wispern der Wörter, Wort um Wort, des Gesangs

Der Tag bricht den Toten durchs Trommelfell. Hier.

(Jan Koneffke)

Claire Genoux

Lavaux

C'est un paysage pentu couvert de vignes sèches
qui descend vers le lac
mais aujourd'hui c'est un paysage où l'on ne voit rien
ni les talus à l'herbe terreuse
ni les sarments que le soleil aime tordre
sous sa lumière proche

je pense au promeneur qui serait venu rôder là
cet après-midi de février
où le large paysage a disparu
parce que la brume poisseuse est sur le lac et sur la pente

le promeneur n'aurait rien vu
du grand lac tout ridé d'air et d'eau
mais seulement l'écran à l'épaisse blancheur de tombe
où se distraient de rares oiseaux
que le vent peu à peu chasse

Lavaux

Eine abschüssige Landschaft vertrockneter Rebstöcke
läuft auf den See zu
heute jedoch nichts davon zu sehen
weder die Hänge mit dem faulig riechenden Gras
noch Weinreben die Sonne liebevoll streichelt
brechen ihre Strahlen hervor

ich stellte mir den Wanderer vor der hier herumstreift
an diesem Nachmittag im Februar
wenn die weite Landschaft abhanden gekommen
sich klebriger Nebel gebreitet über See und Hang

nichts hätte der Wandersmann gesehen
vom großen See gekräuselt von Wind und Wellen
allein die Schutzwand eines weißen Nebelgrabes
wohinter Unterhaltung führen seltene Vögel
die nach und nach der Wind verscheucht

(Johann Lippet)

Lavaux

Abschüssige Landschaft bedeckt mit trockenen Weingärten
die sich zum See neigt
heute jedoch ist nichts mehr zu sehen in der Landschaft
weder die Böschungen mit erdigem Gras
noch die Rebstöcke, von der Sonne gern
unter dem nahen Licht gebeugt

ich denke an einen Spaziergänger, angereist,
sich an diesem Februarnachmittag zu ergehen
da die weite Landschaft verschwunden ist
weil der Nebel klebrig den See und den Hang bedeckt

der Spaziergänger hätte nichts gesehen
vom großen See ganz faltig in Wind und Wasser
außer der Leinwand dicht und weiß wie ein Grab
an der sich seltene Vögel zerstreuen
die der Wind nach und nach vertreibt

(Hans Thill)

Lavaux

Das ist die Landschaft von verdorrten Rebstöcken bedeckt
fällt sie zum See hin
aber heute ist das die Landschaft in der nichts zu sehen ist
nicht die Böschung und
nicht die Trauben die sich büscheln und die die Sonne beugt
unter ihrem nahen licht

ich denke an den Spaziergänger der gekommen wäre um dort entlang
zu gehen an diesem Nachmittag im Februar
an dem die weite Landschaft verschwand
weil der Nebel sich auf dem See
und dem Hang festhaftet

der Spaziergänger wird nichts sehen
vom großen See dem Wind und Wasserkräuseln
nur die dicke Wand aus Grabweiß
in der sich seltene Vögel zerstreuen
bis der Wind sie allmählich vertreibt

(Sabine Schiffner)

Claire Genoux

Cette nuit de Noël sous la pluie pointue
le lac avance comme une mer
affronte le large
se heurtant à ses rives trop courtes
à son horizon verrouillé de montagnes

vacarme et violence de la pluie sur le lac
– rival jaloux
qui voudrait soulever vers le vent ses eaux stériles
en cette nuit que d'autres fêtent

j'écris sous le toit de tuiles grises
– ce soir où je ne suis d'aucune fête
et je voudrais dire nos vies
comme nous tombons goutte à goutte

et comme le lac entortille son linge d'écume
faisant valoir en vain des paroles marines
quand d'autres fêtent
une fête où je ne suis pas

In dieser Weihnachtsnacht unter dem peitschenden Regen
nähert sich der See wie ein Meer
trotzt der Offenheit
schlägt an seinen zu knappen Ufern auf
an seinem Horizont verriegelt von Bergen

Spektakel und Gewalt des Regens auf dem See
– eifersüchtiger Rivale
der gegen den Wind seine machtlosen Wasser heben möchte
in dieser Nacht die andere feiern

ich schreibe unter dem Dach aus grauen Ziegeln
– an diesem Abend an dem ich bei keinem Fest bin
und ich möchte unsere Leben aussprechen
wie wir fallen Tropfen für Tropfen

und wie der See seine Schaumwäsche wringt
vergebens seine maritimen Wörter vorbringt
während die andern feiern
ein Fest wo ich nicht bin

(Jürgen Theobaldy)

Heiligabend unter dem rauschenden Regen
rückt der See voran wie ein Meer
wehrt sich gegen das offene Meer
stößt sich an den flachen Ufern und
an seinem Horizont, abgeriegelt von den Bergen

Gewaltig tobt der Regen über dem See
Der eifersüchtige Rivale,
der seine öden Wasser werfen will gegen den Wind
In dieser von andern gefeierten Nacht

Unter dem grauen Ziegeldach schreibe ich
– an diesem Abend, an dem mir nicht nach feiern ist
erzähle ich von unserem Leben
aus dem wir fallen, Tropfen für Tropfen

Und wie der See seine Schaumwäsche mangelt
vergeblich Meeresworte spricht
Wenn andere feiern
auf ihren Festen, aber ohne mich

(Nadja Küchenmeister)

Claire Genoux

Demain peut-être la neige
accrochera sa couronne de fleurs
à la flèche des arbres nus
je rassemblerai les voix comme les branches
cousues au sol glacé
perdant sans doute la trace des cailloux blancs

quand mon tour sera venu d'être livrée à l'hiver
aux plis de sa mâchoire
à son souffle de bête
je demanderai asile aux collines les plus proches

Morgen wird der Schnee vielleicht
an den Speer der nackten Bäume seinen
Kranz aus Blumen hängen. Ich werde die
Stimmen sammeln wie die Zweige, die mit
dem Bodenfrost verwachsen sind.
Die weiße Kieselspur werd' ich verlieren.

Wenn es soweit ist, dass der Winter mich heimsucht
mit den Zangen seines Kiefers
mit seinem tierhaften Hauch werde ich
die nächsten Hügel bitten um ein schützendes Dach

(Nadja Küchenmeister)

J'aurais voulu un été
enroulé à tes doigts comme des anneaux d'argent
un été de soirs dévêtus au fond des cours
et de lunes bleues pareilles à des épaules

j'aurais été reine
au pays du ciel éclaboussant les pierres
et reine au fleuve de ton ventre
mes deux seins posés haut comme des oiseaux
mes deux cuisses – étau plissé
au rire de neige qui remplit la bouche

un été de langue qui claque
tendue aux sources troubles des sous-bois
un été de dents plantées dans les fruits rouges

Ich hätte mir einen Sommer gewünscht
umschlungen von deinen Fingern wie Silberringe
einen Sommer nackter Nächte in Hinterhöfen
und blauen Monden Schulterblättern gleich

ich hätte mich wie eine Königin gefühlt
in Himmelsauen Steine netzende
und Königin in deines Leibes Fluß
meine Brüste zwei Vögel im Höhenflug
meine zwei Schenkel Schraubstock – gefältelt
in lachendem Schnee der den Mund verschließt

einen Sommer der schnalzenden Zungen
in Erwartung was fließt aus trüber Quelle im Unterholz
einen Sommer der Zähne in rote Früchte geschlagen

(Johann Lippet)

Claire Genoux

Ne rien dire de mon corps
que les sommeils capturent comme un cavalier nu
ne rien dire de ces veines
que les hommes décousent à la lueur des lampes
ne pas parler non plus des fées féroces
que le travail a penchées sur leur rouet
surtout ne pas citer les mots
qui ouvriraient mon ventre comme une voile

Sprich nicht von meinem Körper
den die Müdigkeit überkommt wie einen völlig erschöpften Reiter
sprich nicht von meinen Adern
die die Männer beim Licht der Lampen auftrennen
verrate nichts von den wilden Feen
die die Arbeit über ihr Spinnrad gebeugt hat
erwähne nicht die Wörter
die meinen Bauch öffnen würden wie einen Vorhang

(Sabine Schiffner)

Puisqu'il faudra une fois céder sans gémir
et se chiffonner sous les racines bleutées
que dirai-je aux cailloux et aux écorces aérées
qu'ils ne sachent déjà ?

ô Terre roulée en Toi
comme dans un buisson de ronces
je rêverai de soleil et de bruit

Da man einmal wird loslassen müssen ohne Gejammer
sich unter bläuliches Wurzelwerk zwängt
was den Kieseln sagen und der luftigen Baumrinde
was sie seit eh und je nicht schon wissen?

Oh, Erde in Dich eingeigelt
Wie in einen Brombeerstrauch
ich werde von Sonne träumen und von Lärm

(Johann Lippet)

Claire Genoux

Gardons ce corps solide
ce sang frais qui fuit dans les artères
gardons ces courbes claires
et cette peau vivante où les hommes ont posé leur visage
disons adieu aux caresses et aux lèvres anciennes
qui usaient notre ventre
dormons avant que le soleil
ne vieillisse notre belle chair blonde
et n'entame nos os chargés de moelle
que nous restions neuve pour le vrai jour

Zu bewahren gilt es diesen robusten Körper
dieses kühle Blut das durch die Adern schießt
zu bewahren diese klaren Wölbungen
diese frische Haut vom Gesicht der Männer berührt
Lebewohl sollten wir sagen Zärtlichkeiten und alten Lippen
die unseren Leib genutzt
sollten schlafen bevor Sonne
unsere schöne helle Haut altern läßt
das volle Mark unserer Knochen angreift
damit wir erhalten bleiben für den wahren Tag

(Johann Lippet)

Bewahren wir diesen festen Körper
dies frische Blut das durch die Adern schießt
bewahren wir diese klaren Formen
und diese lebendige Haut, worauf sie ihr Gesicht gebettet haben
sagen wir adieu den Zärtlichkeiten und den alten Lippen
die unsern Bauch abnutzen
schlafen wir bevor die Sonne
unser schönes blondes Fleisch ermüdet
und unsere Knochen angreift voll mit Mark
damit wir neu bleiben für den einzig wahren Tag

(Jürgen Theobaldy)

Je voudrais fuir mais tu m'étreins
de tes bras d'enfant
et l'eau à mes chevilles lace un étroit soulier
– boucle à boucle
cent millions de pas à faire pourtant pour te rejoindre
avec mes pieds troués par la morsure des chemins

je marcherai vers toi
sur le tapis usé des siècles
l'étreinte de l'eau à mes pieds d'esclave
je ne la sentirai plus
et je te retrouverai sur la passerelle familière
comme autrefois tu caresseras mes yeux aveugles
– le drap du ciel encore plié dans ta paume

Ich möchte fliehen aber du klammerst dich an mich
mit den Armen eines Kindes
und das Wasser an meinen Fesseln schnürt eng mir die Schuhe
– Schleife um Schleife
indessen hundert Millionen Schritte zu machen sind um zu dir
zurückzukehren
mit meinen Füßen voll Löchern vom Biss der Wege

ich werde dir entgegengehen
auf den abgetretenen Teppichen der Jahrhunderte
die Klammer des Wassers um meine Sklavenfüße
werde ich nicht mehr spüren
und ich werde dich auf der vertrauten Passerelle wiederfinden
wie einst wirst du meine geschlossenen Lider streicheln
– das Tuch des Himmels noch gefaltet auf deiner Hand

(Jürgen Theobaldy)

Claire Genoux

Tu me refermes sur toi
avec la férocité des amants jaloux
tu me portes dans ton ventre
tu cries comme un enfant qu'on gifle
puis tu ris de tes ruses
de tes caresses qui font fleurir mes seins
tu ris de mon obéissance
et ta fatigue tombe entre mes cuisses
semblable à la lumière du jour

Du sperrst mich bei dir ein
mit der Grausamkeit eifersüchtiger Liebhaber
du schaukelst mich in deinem Bauch
schreist wie ein geohrfeigtes Kind
dann erfreust du dich an deinen Schlichen
deinen Liebkosungen die meine Brüste erblühen lassen
und deine Müdigkeit senkt sich zwischen meine Schenkel
wie es das Tageslicht tut

(Jan Koneffke)

J'ai deux pieds joints
deux yeux remplis de vertige
un visage que le soleil entaille avec sa plume
deux mains égratignées de prières
une pèlerine de papier pour traverser les tempêtes
une ceinture de caresses à la taille
deux souliers sans semelle
et le foulard gris de la mort autour du cou

Ich habe zwei linke Beine
zwei Augen denen schwindelt
ein Gesicht in das Sonne Zeichen gekerbt
zwei Hände übersät mit Kratzwunden vom Beten
eine Pelerine aus Papier um Gewitter zu durchqueren
trage einen Zärtlichkeitsgürtel um die Hüfte
zwei Schuhe ohne Sohlen
und den grauen Schleier des Todes um den Hals

(Johann Lippet)

Claire Genoux

Qu'il me soit donné
d'être une fois l'étrangère le long des routes
traînant l'herbe par ses bretelles
comme un compagnon mélancolique
qu'on ne distingue plus mes pieds
parmi les batailles de pommes
qu'il ne reste rien de l'ancien chemin de ronde
pas la moindre trace qui signerait mes semelles

Könnte ich doch einmal nur die Fremde sein
die die Landstraße entlang
an ihren Hosenträgern Heu mit sich schleppt
wie einen trübsinnigen Kameraden.
Man könnte nichts von meinen Füßen sehen
zwischen den zerplatzten Äpfeln
nichts bliebe mehr vom alten Wehrgang
nicht die kleinste Spur von meinen Sohlen.

(Nadja Küchenmeister)

Il m'arrive de l'entendre
le halètement de la mort dans la soupente des toits
et je n'ai besoin d'aucune preuve
pour croire à ses parages
nous savons son habileté de fauve à tirer sur sa chaîne
et comme elle se penche
à la fontaine ouverte de nos corps
si seulement nous osions la tenir à l'encolure
elle viendrait vers nous les gestes raccourcis
le chagrin à la bouche

Manchmal vernehme ich es
das Keuchen des Todes im Dachbodenwinkel
und ich brauche keinen Beweis nicht einen
um zu wissen er ist in der Nähe
wir kennen sein Raubtiergeschick an der Kette zu reißen
und wie er sich über den offenen Brunnen
unseres Körpers beugt
wenn wir nur den Mut hätten ihn an der Kehle zu packen
bezähmt käme er auf uns zu
den Kummer im Mund

(Jan Koneffke)

J'accepte Vie d'être votre hôte
de manger votre terre jusqu'à l'indigestion
de boire dans vos gobelets de craie
la lumière cachée des saisons le miel refroidi de vos fleurs
et mille liqueurs grossières

vous voyez j'obéis
les os bougent parfaitement dans le cuir de ma peau
et je colle mon ventre au ventre des hommes
j'obéis même si je me mouche dans votre nappe
que je crache dans vos plats

quand j'aurai bien ri bien usé la corne de mon cœur
j'accepte oui l'effroi
docilement dissoudre ma détresse de cadavre
mais durant cette sieste
enrobée dans votre drap de ravines
mon ventre bombé contre le ventre de la terre
que je jouisse de vos rêves de lait et d'astres
que tous ces repas de fortune pris jadis à votre table
aient la légèreté sur mon crâne et l'ivresse folle
d'une petite neige de printemps

Leben ich bin bereit Ihr Gast zu sein möchte
Ihre Erde essen bis zum Erbrechen
aus Ihren Kreidebechern trinken
das verborgene Licht der Jahreszeiten
den abgekühlten Honig Ihrer Blumen
und tausend gewöhnliche Liköre

Sie sehen ich gehorche
die Knochen bewegen sich tadellos im Leder meiner Haut
und ich drücke meinen Bauch an Männerbäuche
gehorsam sogar wenn ich die Tischdecke nehme mich zu
schneuzen und Ihnen in die Schüsseln spucke

habe ich einmal genug gelacht die Hornhaut meiner Liebe abgenutzt
bin ich bereit doch entsetzlich
folgsam mein Kadaverelend auflösen
in diesem Mittagsschlaf jedoch
gehüllt in Ihr Tuch aus Schluchten
meinen Bauch wölbend an den Bauch der Erde
möchte ich Ihre Träume aus Milch und Sternen geniessen
und alle Glücksmahlzeiten die ich an Ihrem Tisch gegessen
mögen mit Leichtigkeit auf meinem Schädel ruhn
und mit der verrückten Trunkenheit
eines kleinen Frühlingsschnees

(Hans Thill)

Anhang

Übrig bleiben die Sachen, die keine Ruhe lassen

Schweizer Taschenmesser sind leichter aufzutreiben, Schweizer Käse, Schweizer Uhren oder Schokolade, Banken sowieso. Aber Schweizer Gedichte? Natürlich werden auch in der Schweiz Gedichte geschrieben, wie überall auf der Welt, und natürlich sind sie unbedingt lesenswert. Aber „Schweizer Gedichte" gibt es nicht. Die Schweizer und Schweizerinnen reden in vielen Zungen. Deutsch (63,7 % der Bevölkerung), Französisch (20,4 %), Italienisch (6,4 %), Rätoromanisch (0,5 %) – das sind die vier offiziellen Landessprachen, und in diesen Sprachen werden auch Gedichte geschrieben. Die Aufzählung der Sprachen müsste übrigens weitergehen, in der Schweiz, sagt das Schweizerische Bundesamt für Statistik in Neuchâtel (zu deutsch Neuenburg, bis 1848 preussischer Besitz), wird nämlich auch Spanisch gesprochen, Türkisch, Albanisch, Portugiesisch, Kroatisch usw.

Es bleiben aber, hält man sich an die offizielle Einteilung, vier Sprachen. Und drei davon, die in der südlichen Schweiz gesprochen und geschrieben werden, tragen zwar deutliche lateinische Spuren, sind untereinander aber doch recht verschieden – Gedichte in diesen Sprachen werden in diesem Band vorgestellt, zusammen mit Übertragungen ins Deutsche. Claire Genoux, Pierre Voélin und Frédéric Wandelère schreiben französisch, Antonio Rossi und Alberto Nessi schreiben italienisch und Leta Semadeni rätoromanisch. Diese Anthologie ist die erste in der Reihe „Poesie der Nachbarn", die Gedichte aus gleich mehreren Sprachen eines Landes präsentiert.

Repräsentativ will die vorliegende Anthologie nicht sein, ein solcher Anspruch wäre vermessen. Hingegen schlägt sie in ihrer Zusammenstellung eine Blickrichtung vor, die selbst in der Schweiz nur selten gewagt wird. Erstaunlicherweise sind es inzwischen bereits Jahrzehnte her, dass eine Anthologie Gedichte aus den drei romanischen Sprachregionen der Schweiz präsentierte und ihnen deutsche Übersetzungen zur Seite stellte. Dass besagter Band nur gerade eine Auflage erlebte und längst vergriffen ist, wäre natürlich auch eine Auskunft über das „Schweizer Gedicht". Mit der vorliegenden Anthologie könnte also ein Gespräch wieder in Gang kommen, das immer wieder zu erlahmen droht.

Vorgestellt werden sechs Lyriker und Lyrikerinnen mit Gedichten, die sie selber ausgewählt haben. Und sechs Lyriker und Lyrikerinnen deutscher Sprache haben diese Gedichte ins Deutsche übersetzt. Sie sind dabei von Interlinearversionen ausgegangen, sie hatten aber auch – und das ist der Vorzug des wunderbaren „Edenkobener Modells" – die Möglichkeit, die Übersetzungen im direkten und ausdauernden Gespräch mit jenen zu entwickeln, von denen die Originale stammen. Die Ergebnisse sind spannend, besonders dann, wenn vom selben Gedicht gleich mehrere Übersetzungen vorliegen. Dann wird auch deutlich, wie vertrackt Übersetzungen im Grunde sind, vor allem wenn es um Gedichte geht. Mitzulesen sind darum immer auch Spuren der Auseinandersetzung um das prekäre Gleichgewicht zwischen philologischer Treue und jener produktiven „Untreue" oder Freiheit, die sich um den lyrischen Zungenschlag sorgt und das Gedicht als Gedicht in die Zielsprache herüberretten will. Dabei geht es natürlich auch darum, die Spannung zwischen Original und Nachdichtung sichtbar zu halten. Die poetische Mitteilung des Originals soll so genau wie möglich neu hergestellt werden – und gleichzeitig wird die jeweilige Handschrift der Übersetzenden spürbar. Schliesslich sind es Kollegen, die hier die Gedichte von Kollegen übertragen, und da geraten naturgemäss literarische Register aneinander. Diese Reibung stiftet anregende Lesarten.

Gedichte aus der lateinischen Schweiz: die Unterschiede sind gross, denn die Sprachgrenzen, obschon sie in der Schweiz liegen, sind erstaunlich dicht. Die Sprachgrenzen trennen zudem immer auch Mentalitäten, und diese sind auch literarisch wirksam, indem sie literarische Traditionen zwar indirekt, aber folgenreich definieren. Das heisst auch: es gibt in der lateinischen Schweiz nebeneinander drei verschiedene literarische Welten. Sie stehen kaum miteinander im Gespräch, sondern orientieren sich – und das gilt umständehalber nicht für die rätoromanische Literatur resp. Lyrik – an dem, was in den jeweils unmittelbar benachbarten Sprachgebieten geschrieben wird. Wer im Tessin Gedichte schreibt, blickt südwärts, nach Italien, im konkreten Fall vor allem nach Mailand, der nächstgelegenen literarischen Metropole. Es sind denn auch nicht wenige Gedichtbände, die zwar im Tessin entstehen, aber in einem italienischen Verlag publiziert werden. Die literarische Auseinandersetzung findet vor allem innerhalb der gemeinsamen Sprache statt. Es zählt weniger die Grenze, die „frontiera", als vielmehr die „confine", das Gebiet um die Grenze herum, neben der Grenze, die Region also. Die gemeinsame Sprache verbindet in diesem Fall mehr, als die politische Grenze trennen kann.

Die Lyrikerinnen und Lyriker der Romandie haben im benachbarten Savoyen eine sehr lebendige literarische Szene sozusagen vor der Haustür, aber die französischsprachige Literatur ist immer noch stark auf Paris ausgerichtet. In Paris verlegt zu werden, dort gelesen und rezensiert zu werden, das ist noch stets das Ziel vieler, die in der Romandie schreiben, nicht zuletzt auch darum, weil die Romandie ein zu kleiner literarischer Markt ist. Das Interesse ist allerdings sehr einseitig. Die französische Lyrik wird in Genf, Lausanne oder Neuchâtel sehr aufmerksam verfolgt – umgekehrt gilt das nicht. Bedeutende Lyriker aus der französischsprachigen Schweiz gelten, wenn sie in Frankreich Erfolg haben, irgendwann auch als Franzosen, wie etwa Philippe Jaccottet oder Blaise Cendrars (der 1916 tatsächlich die französische Staatsbürgerschaft angenommen hat). Anders verhält es sich mit der Lyrik der rätoromanischen Autoren und Autorinnen. Das Rätoromanische hat ausserhalb der schweizerischen Grenzen kaum einen Resonanzraum. Der in diesem Idiom verfassten Literatur fehlt darum auch ein „Hinterland", wie die italienischsprachige und französischsprachige Literatur es haben. „Ein nicht gelöstes Rätsel", heisst es einmal in einem Gedicht von Leta Semadeni (in der Übersetzung von Jan Koneffke).

Von den drei Sprachen, aus denen in diesem Band übersetzt wird, ist das Rätoromanische das am wenigsten bekannte Idiom. Das „Bündnerromanische", wie es auch genannt wird, ist eine der rätoromanischen Sprachen, die andern sind Dolomitenladinisch und Friaulisch (oder Furlanisch), die beide in Italien gesprochen werden. 1938, im Zuge der „Geistigen Landesverteidigung" gegen den deutschen Faschismus, wurde Rätoromanisch in der Schweiz zur vierten Landessprache erklärt. Das Rätoromanische hat es trotz seines Status nicht leicht, denn die Zahl der Menschen, die dieses Idiom sprechen oder gar schreiben, ist nie besonders gross gewesen. Was den Umgang mit dieser Sprache zudem erschwert, ist die Tatsache, dass das Rätoromanische im Grunde ein Sammelbegriff ist, ein grosszügiger Hut über fünf verschiedenen Varianten. Diese unterscheiden sich zwar oft nur in Kleinigkeiten, aber die sind dann doch gross und bedeutsam genug, dass sie eine Eigenständigkeit markieren.

Sursilvan, Sutsilvan, Surmiran, Puter und Valader (wobei die beiden letztgenannten zusammen das Ladin bilden), so heissen die Varianten. Um wenigstens eine vage Vorstellung davon zu vermitteln, seien hier drei Beispiele in ihren verschiedenen Formen genannt: Die deutschen Wörter „vergessen / gut / Buch" heissen in Sursilvan „emblidar / bien resp. buna / cudisch", in Ladin „smanchar / bun resp. buna / cudesch" und in Sursilvan „amblidar / bung resp. bunga / codesch". Seit einigen Jahren gibt es verstärkt Bemühungen, aus den verschiedenen Varianten eine gemeinsame, gleichsam überregionale Sprache zu entwickeln. Das Rumantsch Grischun ist zwar ausführlich kodifiziert, mit Wörterbuch und Grammatik, es geht in den Formen von den bestehenden Idiome aus („emblidar / bun resp. buna / cudesch"), in der Bevölkerung hat es aber noch nicht die von den Erfindern erwünschte Akzeptanz erreicht. Und in der Literatur gibt es bis heute erst wenige Beispiele einer Anwendung. Noch einmal: Die drei Sprachregionen sind auch drei literarische Regionen, mit eigener Geschichte. Wo sich deren Autorinnen und Autoren mit ihrem Land und seinen Problemen auseinandersetzen, und das haben in der Schweiz seit jeher sehr viele getan, sind über die Sprachgrenzen hinweg durchaus einige Gemeinsamkeiten zu entdecken. Aber diese beschränken sich dann doch meist auf thematische Aspekte. Was Schreibweisen angeht, gar poetische Sprechweisen, sind kaum Gemeinsamkeiten auszumachen, und schon gar nicht irgendwelche Tendenzen. Auffallend ist eine enorme Stimmenvielfalt. In der jüngeren Lyrik der drei Sprachräume sind die entlegensten Sujets und die unterschiedlichsten formalen Entwürfe nebeneinander denkbar, es wird lakonisch gesprochen, manchmal laut, manchmal leise, mal realistisch, mal metaphernreich. Mal wird die Sprache aus allen syntaktischen Verankerungen gerissen, mal wird ihr auf ungebrochene Weise vertraut: möglich ist alles. Sechs von diesen Möglichkeiten werden in dieser Anthologie präsentiert, sechs Arten, etwas zu sagen, was sich nur in einem Gedicht sagen lässt.

Frédéric Wandelère schreibt überwiegend kurze Texte, gleichsam Miniaturen. Er rekonstruiert Urszenen aus der Kindheit und entfaltet kleine Bilder, wobei er von alltäglichen Beobachtungen ausgeht und von Leseerfahrungen. Die Texte sind bei aller Kürze randscharf und öffnen sich auf überraschende Weise. Einige der Texte, die hier zu lesen sind, beziehen sich auf das Werk des französischen Dichters Saint-John Perse (1887 – 1975), der seine Kindheit in Guadeloupe verbrachte, was er in seinen Gedichten immer wieder besungen hat.

Pierre Voélin setzt sich in seinen Gedichten intensiv mit den historischen Katastrophen des zwanzigsten Jahrhunderts auseinander. Es sind die individuellen Leiden, denen er nachspürt und die er immer wieder konfrontiert mit Bildern eines möglichen und doch stets gefährdeten Glücks. In seinen streng gefügten Gedichten, die er aus dem Redegeröll der öffentlichen Sprache herauszulösen sucht, finden sich Spuren einer intensiven Auseinandersetzung mit dem Werk von Paul Celan und von Ossip Mandelstam.

Antonio Rossi steht für ein Bedeutungen allmählich hervorbringendes lyrisches Sprechen. In seinen Gedichten wird mit jeder neuen Zeile der Blick erweitert auf eine Wirklichkeit, die nur so, nur in diesen Worten und in diesem Gedicht zu erfahren ist. Erst die Benennung der Dinge scheint ihre tatsächliche Existenz zu garantieren, und selbst dann bleibt alles gefährdet. Auf knappstem Raum, in einer komplexen Textarchitektur, die sich gewissermassen die Koordinaten des Schreibens jeweils neu setzt, wird Heterogenes und Zersplittertes zusammengefügt, wobei Klang und Rhythmus eine grosse Rolle spielen.

Alberto Nessi entwickelt aus alltäglichen Situationen Bilder, die ihren Anlass oft auf unauffällige, beinahe beiläufige Weise transzendieren. Nicht selten sind es biographische Bestandesaufnahmen, von denen seine Gedichte ausgehen. Mit scheinbar einfachen Kunstgriffen lassen sie vieles aufscheinen, das schneller einleuchtet, als es begriffen ist. In allem, so sieht es aus, suchen Nessis Gedichte die Balance zwischen Leidenschaft und Erkenntnis.

Claire Genoux stellt ihre Gedichte oft in einen engen, nachprüfbaren lokalen Kontext. Sie nimmt die vertraute Landschaft ihrer Umgebung in den Blick, „ihre" Gegend – und bricht aus dieser genau gefassten Realität wieder aus. Oder sie kehrt, in der äussersten Reduktion, auf ihren Körper zurück, wiederum in einer präzisen „Geographie".

Leta Semadeni schreibt ihre Gedichte in Valader. Es ist das Idiom ihrer Herkunft und erscheint ihr für den literarischen Ausdruck am genauesten. Ihre Gedichte befragen eine Welt, die auf den ersten Blick schlicht erscheint, dörflich, beinahe heiter. Im genauen Hinsehen und Benennen des sinnlichen Details jedoch wird zugleich die Gefährdung spürbar, gegen die alles lyrische Sprechen hier antritt.

Sechs Möglichkeiten werden in diesem Band miteinander ins Gespräch gebracht. Natürlich sollen sie auch dazu einladen, weitere kennenzulernen: „Übrig bleiben die Sachen, die keine Ruhe lassen", wie es in einem Gedicht von Alberto Nessi heisst.

Martin Zingg

Die Autoren

Claire Genoux wurde 1971 in Lausanne geboren. Seit ihrem Universitätsabschluss arbeitet sie als Französischlehrerin in der Erwachsenenbildung und schreibt für verschiedene Zeitschriften in der Schweiz und im Ausland. Gedichtbände: „Soleil ovale" (1997) und „Saisons du corps", für den sie 1999 den C.F. Ramuz Preis erhielt. 2000 erschien ihr erster Novellenband, „Poitrine d'écorce", zuletzt der Gedichtband „L'heure apprivoisée" (2004).

Alberto Nessi wurde 1940 in Chiasso geboren und lebt heute als freischaffender Dichter und Erzähler in Bruzella (Tessin). Er veröffentlichte zahlreiche Lyrikbände, u.a. „Quartine : poesie" (2003) und „Iris Viola" (2004). Auf Deutsch erschien zuletzt „Terra matta. Drei Erzählungen" (2005) und der zweisprachige Gedichtband „Mit zärtlichem Wahnsinn / Con tenera follia. Ausgewählte Gedichte" (2000).

Antonio Rossi wurde 1952 in Maroggia (Tessin) geboren und studierte italienische Literatur an den Universitäten Fribourg (Schweiz) und Florenz. Er unterrichtet am Kantonsgymnasium Mendrisio und lebt in Arzo (Tessin). Antonio Rossi veröffentlicht seit 1979 Lyrik, zuletzt den Band „Sesterno" (2005), er ist auch als Essayist tätig und hat Gedichte von Robert Walser ins Italienische übertragen.

Leta Semadeni, geboren 1944 in Scuol (Engadin), absolvierte eine Lehrerausbildung an der Universität Zürich. Sie arbeitete als freie Mitarbeiterin bei Radio und Fernsehen des SFDRS und bei der Literaturzeitschrift „Orte". Leta Semadeni veröffentlichte zahlreiche Gedichte und Kurzgeschichten in Zeitschriften und Anthologien sowie ein Kinderbuch, „Chamin", und den Gedichtband „Monolog per / für Anastasia" (2001), für den sie die Auszeichnung „Buch des Jahres" der Schweizerischen Schillerstiftung erhielt.

Pierre Voélin wurde 1949 in Porrentruy in der Franche-Comté geboren. Nach dem Studium der Literatur und Kunstgeschichte ließ er sich in Fribourg nieder, wo er seit dreißig Jahren als Gymnasiallehrer tätig ist. Heute lebt er mir seiner Familie in Nyon. Zusammen mit Frédéric Wandelère gründete er 1984 den Verlag *Le feu de nuict.* Er veröffentlichte zahlreiche Gedichtsammlungen, u.a. „Art poétique" (1996), „La lumière et d'autre pas" (1997) und „Dans l'oeil millénaire" (2005). Für sein Gesamtwerk erhielt er 2005 den Leenaards-Preis (Lausanne).

Frédéric Wandelère wurde 1949 in Fribourg geboren, wo er heute wieder lebt. Er studierte Geisteswissenschaften an der Universität Genf. Zusammen mit Pierre Voélin gründete er 1984 den Verlag *Le Feu de nuict.* Als Dichter und Übersetzer aus dem Deutschen ist er an Gemeinschaftswerken wie den „Arts poétiques" (1996) und „Trois soirées autour d'Anne Perrier" (1996) beteiligt. Bis heute hat er fünf Gedichtbände veröffentlicht; die meisten seiner Texte erscheinen in Zeitschriften.

Jan Koneffke, geboren 1960 in Darmstadt, lebt in Wien und Bukarest. Studium in Berlin der Philosophie und Germanistik. Er erhielt zahlreiche Preise, u.a. das Villa Massimo Stipendium 1995, in dessen Anschluss er mehrere Jahre in Rom verbrachte. 1999 erschien in der Edition „Deutsche Reise nach Plovdiv" Koneffkes „Gulliver in Bulgarien". Zu seinen neueren Werken gehören „Was rauchte ich Schwaden zum Mond, Gedichte" (2001), der Roman „Eine Liebe am Tiber" (2004) und „Abschiedsnovelle" (2006).

Nadja Küchenmeister, geboren 1981 in Berlin, lebt dort und in Leipzig, wo sie seit 2003 am Deutschen Literaturinstitut die Hauptfächer Prosa und Lyrik studiert. Veröffentlichungen in Zeitschriften und Anthologien u.a. „Jahrbuch der Lyrik" 2006,2007; „bella triste"; TEXT+KRITIK „Junge Lyrik".

Johann Lippet, geboren 1951 in Wels/Österreich. 1956 kehrte er nach Rumänien zurück. Nach seinem Germanistikstudium in Temeswar war er mehrere Jahre als Deutschlehrer tätig, 1978-1987 als Dramaturg am Deutschen Staatstheater Temeswar. Nach seiner Ausreise 1987 Ausübung verschiedener Tätigkeiten, u.a. für das Nationaltheater Mannheim sowie die Stadtbücherei Heidelberg; seit 1999 freier Schriftsteller. Johann Lippet lebt in Sandhausen bei Heidelberg. Veröffentlichungen: zahlreiche Gedichtbände, Erzählungen und Romane, zuletzt „Das Feld räumen, Roman“ (2005) und „Vom Hören vom Sehen vom Finden der Sprache, Gedichte“ (2006).

Sabine Schiffner, geboren 1965 in Bremen, lebt in Köln. Studium der Theater-, Film- und Fernsehwissenschaften, Germanistik und Psychologie in Köln. Veröffentlichungen seit 1994. Zuletzt erschienen der Roman „Kindbettfieber“ (2005) und der Gedichtband „Male“ (2006). Sie erhielt zahlreiche Preise und Stipendien, u.a. den Martha Saalfeld Preis (2004), den Jürgen Ponto Preis (2005), sowie ein Aufenthaltsstipendium der Villa Aurora in L.A. (2006).

Jürgen Theobaldy, geboren 1944 in Straßburg, wuchs in Mannheim auf. Heute ist er in Bern ansässig, arbeitet im Bundeshaus und erhielt 2003 den Buchpreis des Kantons Bern. Zuletzt erschienen die Gedichtbände: „Immer wieder alles“ (2000), „Wilde Nelken“ (2005), „24 Stunden offen“ (2007), der Roman „Trilogie der nächsten Ziele“ (2003) und die Prosasammlung „In der Ferne zitternde Häuser“ (2000).

Hans Thill, geboren 1954 in Baden-Baden, lebt seit 1974 in Heidelberg. Lyriker und Übersetzer. Mitbegründer des Verlags Das Wunderhorn. Zahlreiche Übersetzungen aus dem Französischen (u.a. Apolliniare, Soupault, Meddeb), Herausgeber (zus. mit Michael Braun) der Anthologien „Punktzeit“ (1987) und „Das verlorene Alphabet“(1998). Zuletzt erschienen die Gedichtbände „Zivile Ziele“ (1995) und „Kühle Religionen“ (2003). Peter-Huchel-Preis 2004. Leiter der Übersetzerwerkstatt „Poesie der Nachbarn – Dichter übersetzen Dichter“.

Der Interlinearübersetzer

Martin Zingg, geboren 1951 in Lausanne, lebt in Basel als Publizist und Übersetzer. Bis Ende 2006 Mitherausgeber der Literaturzeitschrift „drehpunkt". 1996 wurde er mit dem Basellandschaftlichen Preis für Literatur ausgezeichnet. Verschiedene Veröffentlichungen, zuletzt „Was am Ende bleibt, nur das. Prosa", mit Radierungen von Stephanie Grob, „Folgendes: Otto F. Walter über die Kunst, die Mühe und das Vergnügen, Bücher zu machen" und „Martin Walser: Woher diese Schönheit. Über Kunst, über Künstler, über Bilder" und „Otto F. Walter und Paul Celan. Ein kleines Kapitel Verlagsgeschichte".

Inhalt

Neunzehnter Band der Reihe POESIE DER NACHBARN. Eine literarische Reihe des KÜNSTLERHAUSES EDENKOBEN (Stiftung Rheinland-Pfalz für Kultur) und der STIFTUNG ARP MUSEUM BAHNHOF ROLANDSECK in Zusammenarbeit mit dem **SWR»** Südwestrundfunk Mainz.
Die Reihe „Poesie der Nachbarn“ wird gefördert von:
– der Stiftung Bahnhof Rolandseck
– dem Künstlerhaus Edenkoben, einer Einrichtung der Stiftung Rheinland-Pfalz für Kultur – verantwortlich: Ingo Wilhelm.

»Poesie der Nachbarn«

Herausgegeben von Gregor Laschen

Mein Gedicht ist mein Körper – Poesie aus Dänemark.
192 Seiten, 13,– Euro. ISBN 3-88314-914-4.
Inzwischen fallen die Reiche – Poesie aus Ungarn.
172 Seiten, 13,– Euro. ISBN 3-89429-036-6.
Ich bin der König aus Rauch – Poesie aus Spanien.
172 Seiten, 13,– Euro. ISBN 3-89429-121-4.
Ich hörte die Farbe blau – Poesie aus Island.
192 Seiten, 13,– Euro. ISBN 3-89429-180-X.
Eine Jacke aus Sand – Poesie aus den Niederlanden.
192 Seiten, 13,– Euro. ISBN 3-89429-290-3.
Hör den Weg der Erde – Poesie aus Bulgarien.
188 Seiten, 13,– Euro. ISBN 3-89429-490-6.
Die Mühle des Schlafs – Poesie aus Italien.
172 Seiten, 13,– Euro. ISBN 3-89429-930-4.
Der Finger Hölderlins – Poesie aus Frankreich.
186 Seiten, 13,– Euro. ISBN 3-89429-731-X.
Das erste Paradies – Poesie aus Norwegen.
185 Seiten, 13,– Euro. ISBN 3-89701-025-9.
Das Zweimaleins des Steins – Poesie aus Irland.
187 Seiten, 13,– Euro. ISBN 3-89701-198-0.
Die Freiheit der Kartoffelkeime – Poesie aus Estland.
175 Seiten, 13.– Euro. ISBN 3-89701-381-9.
Ich ist ein andrer ist bang – Poesie aus Rumänien.
190 Seiten, 13,– Euro. ISBN 3-89701-571-4.
Die Bogenform der Erinnerung – Poesie aus Portugal.
188 Seiten, 13,– Euro. ISBN 3-89701-729-6.
Die Heimkehr in den Kristall – Poesie aus Finnland.
185 Seiten, 13,– Euro. ISBN 3-89701-887-X.
Atmen lang von Babel her – Poesie aus Griechenland.
208 Seiten, 13,– Euro. ISBN 3-89701-985-X.
Königs Schiffe vor Eden – 15 Jahre Poesie der Nachbarn.
Eine Dokumentation.
180 Seiten, 18,– Euro. ISBN 3-89701-986-8.

Zu beziehen über »edition die horen« im Wirtschaftsverlag NW
Verlag für neue Wissenschaft GmbH
Postfach 10 11 10 · D-27511 Bremerhaven
Telefon 0471/9454461 · Telefax 0471/9454488
e-mail: info@nw-verlag.de · Internet: www.nw-verlag.de

edition **die horen**

Poesie der Nachbarn Band 17

Hans Thill (Hrsg.)

Wozu Vögel, Bücher, Jazz

Gedichte aus England

Ausgewählte Gedichte von: Helen Macdonald, Frances Presley,
J.H. Prynne, Craig Raine, Keston Sutherland, Tim Turnbull.
Übersetzt von: Franz Josef Czernin, Elke Erb, Norbert Hummelt,
Birgit Kempker, Ulf Stolterfoht, Hans Thill.
Mit einem Nachwort von Michaela Schrage-Früh
Zweisprachige Ausgabe englisch-deutsch
182 Seiten, bibliophile Ausstattung
gebunden, mit Lesebändchen
EUR 19,90 SFr 35,00
ISBN 978-3-88423-235-4

Dieser Band räumt radikal mit allen Vorurteilen über englische Gegenwartslyrik auf – für die sechs deutschen Lyrikerinnen und Lyriker eine ungewöhnliche übersetzerische Herausforderung.

»… Dies Urteil gilt auch für die Übersetzer, die primär mit ihren Variationen desselben Gedichts für Lesefreude sorgen … Dem Laien sei übrigens eingangs das kundige Nachwort von Michaela Schrage-Früh empfohlen, das den siebzehnten Titel der gediegenen Reihe *Poesie der Nachbarn* zu einem Schatzkästchen macht.« NZZ

Verlag Das Wunderhorn · Rohrbacher Straße 18 · 69115 Heidelberg
www.wunderhorn.de